Thomas Drexel

Wohnideen für Kinder

von der Geburt bis zum Schulbeginn

Traumhafte Erlebnisräume planen und einrichten

Thomas Drexel

Wohnideen für Kinder
von der Geburt bis zum Schulbeginn

Traumhafte Erlebnisräume planen und einrichten

BLOTTNER VERLAG

Inhalt

Glücklich Wohnen
– von Anfang an!

10
Der Weg zur liebevollen Kinder-
zimmergestaltung – mit System

12
Freiraum zum Spielen schaffen

14
Ein Gestaltungsthema
fürs Kinderzimmer
wählen und umsetzen

16
„Nein, diese Farbe will ich nicht"
Bedürfnisse des Kindes
kennen und ermitteln

18
Die Kleinen ins
Alltagsleben einbeziehen

20
Gestalterische Klarheit und
ruhige Atmosphäre

22
Babykorb, Himmelbettchen
& Kuschelecke: Geborgenheit
beim Schlafen und Spielen

24
Immer die passende
Ausstattung – vom Baby- bis
zum Kindergartenalter

28
Kunterbunt mit Konzept: Die
Geheimnisse der Farbgestaltung

32
Kindermöbel und -spielgeräte
für die Kleinsten
selber bauen und gestalten

34
Es muss nicht immer
Schreinern sein: Gestaltung
und Wohntextilien

36
Gesundheit für die Kleinsten als
Wohn- und Einrichtungsaspekt

39
Vorbeugen statt Heilen:
Das kindersichere Haus

40
Die Kleinsten im Freien – erste
Schritte zur Naturerfahrung

Beste Beispiele
Häuser und Wohnungen für die Kleinsten und ihre Eltern

42
Zuhause wohnen und arbeiten
Fantasievolle Spielzonen im
gemeinsamen Wohnbereich

50

Offenes Haus mit Verbindungssteg
Eine Brücke verbindet Kinderreich
mit Elterntrakt

58

Eine Familienwohnung wie aus dem Bilderbuch
Wunderschöne Kinderzimmer
mit vielen Stauraumlösungen

66

Familien-Wohnen in der Landschaft
Ein Sonnenhaus zum Wohlfühlen

74

Klarheit im Äußeren – Familien-Wohnlichkeit im Inneren
Taghelle Spiel- und Wohnräume
mit viel Ausstrahlung

82

Neue Familien-Großzügigkeit auf alter Hofstelle
Anpassungsfähiges Wohnkonzept
für Eltern und Kind

88

Farbenfroh und landschaftsnah
Traumhaus in
idyllischem Wohnumfeld

96

Umbau mit eigenem Kinder-Reich
Neugestalteter Grundriss mit
Freibereichen fürs Familienleben

104

Sonne und Licht als Lebenselixier für Groß und Klein
Innenraumerlebnisse für
die ganze Familie

112

Das mitwachsende Haus
Einfamilienhaus mit
bunter Kinder-Etage

120

Das wohngesunde Kinder-Haus
Hochwertige Architektur mit
familienfreundlichem Innenleben

Bauanleitungen
So einfach geht`s!

128

128 Der Wickelaufsatz
130 Die Spielburg fürs Haus
134 Der Kleiderschrank für Kids
136 Das Kinder-Gartenhaus

138 Adressen von Planern und Architekten
141 Literaturverzeichnis & Danksagung

Glücklich Wohnen –
von Anfang an!

Die Ankunft eines Kindes zählt zu den glück-
lichsten Ereignissen im Leben.

Das Nestbauen gehört zu dieser völlig
neuen Lebensphase ebenso dazu wie das
Füttern, das gemeinsame Spielen und das
Spazieren fahren.

Lichte Wohnräume für Groß und Klein: Ein traumhafter Stubenwagen aus Holz mit Bezug und Himmel aus gesundem, naturbelassenem Leinen-Baumwoll-Stoff (Architektur: Armin Ibounigg).

Spaß in der richtigen Umgebung mit kuscheligen Kissen und Wohntextilien (Annette Frank).

Wenn auch ein liebevolles Miteinander die wesentliche Voraussetzung für die glückliche Entwicklung des Kindes ist, so trägt ein kind- und altersgerechtes Zimmer oder eine charmante Spielecke im Wohnbereich doch entscheidend zum Wohlfühlen bei. Dieses Buch möchte eine praktische Hilfestellung sein, um die verschiedensten Wohnbedürfnisse kleiner Kinder und aller Familienmitglieder erfüllen zu können.

Dazu gibt es zunächst einen allgemein informativen Einführungsteil, der die unterschiedlichsten Aspekte und Schritte bei der Wohnraumplanung für Klein und Groß berücksichtigt.

Es geht dabei nicht nur um Geschmacksfragen, sondern um das Wohlfühlen im eigenen Heim, das für kleine Kinder besonders wichtig ist. Das Buch zeigt Wege auf, wie die emotionalen Bedürfnisse bei der Gestaltung des gemeinsamen Lebensraumes bestmöglich berücksichtigt werden können.

Die Planungsschritte bis zum fertigen Gestaltungskonzept finden ebenso intensive Beachtung wie die Erläuterung gestalterischer Grundregeln und ihrer Umsetzung. Detailliert kommen die Bedeutung und die richtige Anwendung von Farben zur Sprache, die den gestalterischen Rahmen schaffen.

Eine „Schlafhöhle" im Kinderzimmer ist eine außergewöhnliche Gestaltungsidee und kommt prima an (Planung: bembé dellinger architekten).

Nicht zuletzt geht es aber auch um wichtige Praxisfragen wie die optimale Platzausnutzung, die Schaffung von Stauraum und die Herstellung von Mobiliar und Spielgeräten im Do-it-yourself-Verfahren.

Eine ausführliche Vorstellung beispielhafter Familienhäuser und -wohnungen liefert Vorlagen für das eigene Einrichtungs- oder Umgestaltungs-Vorhaben wie auch für mögliche Bau- und Grundrisskonzepte (S. 42-127). Traumhafte Kinderzimmer und gemeinsame Wohlfühl-Bereiche aus Deutschland, Österreich und der Schweiz zeigen, was beim Familienwohnen wichtig ist.

Eine gemütliche Kuschel- und Leseecke nicht nur für kleine Prinzessinnen.

Der Weg zur liebevollen
Kinderzimmergestaltung – mit System

Steht man vor einem leeren Kinderzimmer oder Wohnraum, ist die Entwicklung eines Einrichtungskonzepts oft keine leichte Aufgabe. Deshalb bildet eine systematische Vorplanung die beste Gewähr fürs Wohlfühlen.

Dies gilt im Neubau bereits für die architektonische Planung: Die Anordnung, die Größe und der Zuschnitt der Kinder- und anderen Zimmer sollten planspielartig mit unterschiedlichen konzeptionellen Ansätzen durchgearbeitet werden.

Reicht es, den Kinderbereich durch ein Bad vom Elterntrakt abzugrenzen, soll eine Tür dazwischen sein oder wollen wir einen separaten, angefügten Baukörper mit eigenem Bad und separater Erschließung, der auch von fast erwachsenen Kindern noch gerne angenommen und ggf. später anderen Nutzungen zugeführt werden kann?

So weit entfernt solche Entwicklungen beim Baby auch zu sein scheinen, so sinnvoll ist es doch, sie bereits bei der Wohnraumplanung mit einzubeziehen.

Die wichtigsten Schritte bei der Kinderzimmer- und Wohnraumplanung

- Während der Bau- bzw. Renovierungsphase: Detaillierte Grundrissplanung im Hinblick auf Kinder- und Familienräume ggf. mit Architekt/in.
- Analyse der räumlichen Situation – wie viel Platz steht zur Verfügung, was muss rein, was ist verzichtbar?
- Analyse der räumlichen Qualität und Ableitung entsprechender Maßnahmen.
- „Wunschanalyse": Entscheidung für ein Gestaltungskonzept/-motto (z.B. Prinzessinnenzimmer, Blütenwiesenzimmer, Seemannszimmer usw.).
- Erstellung eines maßstabsgerechten Gestaltungs- und Farbkonzeptes (textlich und zeichnerisch) mit Eintragung aller Möbel und wichtigen Ausstattungsteile.

Wichtig ist zum einen, dass im Kinderzimmer ausreichend Platz und Mobiliar für Eisenbahn & Co. zur Verfügung stehen, aber auch in der Mitte des Raums genug Platz zum gemeinsamen Spielen bleibt.

Schöne Stücke als Leitlinie fürs Einrichtungs-Konzept

Die Planung „aus dem Nichts" ist stets besonders schwierig. Sind aber bereits schöne Möbel und Ausstattungsgegenstände vorhanden, können diese die gestalterische Richtung vorgeben. Besitzt die Tochter etwa ein kleines antikes Himmelbettchen, so liegt es nahe, andere Teile wie Kleiderschrank, Kommode und Tischchen im gleichen Stil zu ergänzen.

Ein geschickter Kniff ist es Bett, Schrank und Kommode der gleichen Holzart (z.B. Eiche) zu kombinieren. Auf diese Weise entstehen Einheitlichkeit und ein ruhiger Gesamteindruck, der die Voraussetzung für eine harmonische Wohnatmosphäre bildet. Mobiliar, Farbgebung, Wohntextilien und andere Gestaltungselemente sollten dabei stets im Zusammenhang betrachtet werden.

Sind durch das Mobiliar farbliche Richtlinien vorhanden, sollten sich diese auch in der Gestaltung der Wände und Decken sowie der Auswahl der Wohntextilien wiederfinden.

Aus dem Mädchenzimmer nicht wegzudenken: Ein Puppenwicke - und Schminkt sch, hier als besonders charmante Version mit stoffüberzogenem, zuklappbarem Spiegel, weicher Auflage und Massivholzkommode.

Freiraum zum Spielen
schaffen

Wird neu geplant oder von Grund auf umgebaut, so lassen sich auch eigene Bereiche für die Kleinsten vorsehen. Spielflure, Spielzimmer oder Spielgalerien erfüllen Funktionen, die im Kinderzimmer nicht zu verwirklichen sind und dienen den Kleinen, durch-aus aber auch der ganzen Familie, als Treffpunkt. Eine großzügige Belichtung unterstützt die Annahme als Spielbereich und macht die Zuschaltung elektri-schen Lichts den größten Teil des Tages überflüssig.

Ein Spielflur ist nicht nur Durchgangsschleuse und Erschlie-ßung, sondern bietet im Gegensatz zum so genannten Schlauchgang genügend Raum für Aufenthalte – etwa für den Aufbau der Eisenbahn, von Bauklotz- und Lego-Land-schaften, von Kriechtunneln und vielem mehr.

Um diese Funktion erfüllen zu können, muss der Flur etwa drei Meter breit sein und eine freundliche, lichte Atmosphäre be-sitzen. Die noch komfortablere Alternative zum Spielflur ist ein eigenes Spielzimmer, das aber durchaus nicht immer ein separierter Raum mit Tür zu sein braucht. Jedoch sollte die Funktion durch entsprechende Abgrenzung und Ausstattung ablesbar sein, damit die Kinder den Bereich auch annehmen.

Bild links: Spielzimmer sollten neben ausreichend Platz auch eine gute Belichtung und nach Möglichkeit einen schönen Ausblick bieten (Planung: Dietrich – Untertrifaller Architekten).

Eine gute Alternative zum Spielzimmer ist ein ausreichend breiter Spielflur – so wie hier mit direktem Bezug zum Fenster und Blick nach draußen (Planung: may.schurr.architekten).

Ein Gestaltungsthema
fürs Kinderzimmer wählen und umsetzen

Gleich, ob vor Beginn der Arbeiten die Entscheidung für ein Prinzessinnenzimmer, eine Piraten-Koje oder ein Indianer-Tipi gefallen ist, tut eine thematische Schwerpunktsetzung der Einrichtungsgestaltung immer sehr gut. Nicht zuletzt ergeben sich schon durch die Ausrichtung auf ein bestimmtes, kleinkindgerechtes Thema viele Ideen, die dann „nur noch" zeichnerisch und praktisch umgesetzt werden müssen.

Um bei den gewählten Beispielen zu bleiben: Das Reich der kleinen Prinzessin braucht einen kleinen Thron (etwa einen mit Goldfarbe und dunkelrotem Samt gestalteten Kinderstuhl), einen der Stellung entsprechenden Himmel über dem Bett in Dunkelrot- bis Rosatönen, passende Vorhänge und als Accessoires Herrschaftsinsignien wie eine selbst gebastelte und gestaltete Krone.

Der Pirat in spe freut sich über ein selbst getischlertes Boot mit Segel, am besten mit Ausguck, Bullaugen und Kanone. Blaue Wandbordüren in Wellenform, mittels Schablonen aufgebrachte Meeresmotive (Wale, Muscheln, Leuchttürme usw.), eine Hängematten- und später auch Kletterkonstruktion aus dicken Hanftauen sowie eine charmante alte „Schatzkiste" als Nachttischchen liefern das perfekte Freibeuter-Ambiente. Das Schiff kann in einfacher Version oder auch in einer Bett-

Variante erstellt werden. Letztere wird in der Regel der Fachmann anfertigen. Ein Tipp: Alte Seekisten, kleine Truhen und verwandtes Mobiliar gibt es oft ausgesprochen günstig bei ebay! Und schließlich fällt es mit etwas Fantasie auch nicht weiter schwer, ein kleines Indianerlager für die Kleinsten einzurichten – etwa mit einem Tipi als Mittelpunkt, das aus einem festen, hellen Naturstoff und sechs darin eingenähten langen Bambusstäben „maßgefertigt" werden kann. Darauf werden dann von den Eltern und nach Vermögen auch den Kindern typische Indianer-Insignien aufgebracht. Tomahawk, Pfeil und Bogen, Büffel und Totempfahl sind nur einige der denkbaren Motive, die aufgemalt oder auch aus Stoff ausgeschnitten und dann aufgenäht werden können. Mit Farben braucht man hier nicht zu geizen – alles ist erlaubt. Das Bett des Indianers kann mit (Lamm-)Fellen bedeckt und umgeben werden, eine Indian-Style-Überdecke im Fransen-Look rundet

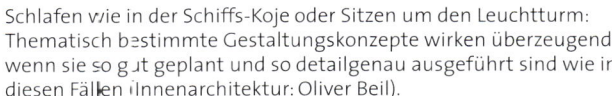

Schlafen wie in der Schiffs-Koje oder Sitzen um den Leuchtturm: Thematisch bestimmte Gestaltungskonzepte wirken überzeugend, wenn sie so gut geplant und so detailgenau ausgeführt sind wie in diesen Fällen (Innenarchitektur: Oliver Beil).

den Ruhebereich ab. Zur Dekoration eignen sich insbesondere ein Häuptlings-Federschmuck, Trommeln, selbst geschaffene Indianerbilder oder auch Drucke von Lederstrumpf-Original-Illustrationen. Schon diese drei Beispiele zeigen, wie schnell man aus einem guten Gestaltungsmotto im Nu eine ganze Menge wunderschöner Einrichtungs- und Ausstattungselemente entwickeln kann. Und das Beste ist, dass so alles aus einem Guss ist und perfekt zueinander passt. Die Kleinen werden mit Sicherheit große Freude mit ihrem solchermaßen neu gestalteten Domizil haben!

Kinderzimmer- und Wohnraumplanung mit Papier und Bleistift oder CAD

Bei der Planung eines neuen Hauses oder Umbaus des innenarchitektonischen Konzepts empfiehlt es sich in aller Regel, auf einen Architekten zu vertrauen. Hingegen können einzelne Zimmer mit etwas Geschick und Begabung sehr wohl in Eigenregie gestaltet werden. Es hilft dabei ungemein, die Ideen zeichnerisch in Grundrissen festzuhalten, indem der betreffende Raum vermessen und maßstabsgerecht auf Papier übertragen wird. Einige Male kopiert, können nun nach Belieben Möbel und andere Ausstattungsteile eingetragen und verschiedene Varianten erstellt werden.

Noch vielseitiger und visuell aussagekräftiger ist die Raumplanung mit CAD-Programmen, die es auch Nicht-Fachleuten erlauben, weitgehend realistische Wohnraumplanungen zu erstellen. Hier ist es meist auch möglich, den eingerichteten Raum in 3D in verschiedenen Farb- und Einrichtungsvarianten zu betrachten, was die Entscheidung in jedem Fall beträchtlich erleichtert.

Empfehlenswerte, kostengünstige und einfach zu handhabende Programme sind etwa
– ArCon Wohnungsdesigner (www.arconopen.de) und
– Architektur Genie 3D plus (kostenlos zu beziehen für Kunden der österreichischen s Bausparkasse/www.sbausparkasse.at).

Unter www.pearl.de finden sich zahlreiche günstige Angebote für CAD-Software auf CD-ROM.

»Nein, diese Farbe will ich nicht«
Bedürfnisse des Kindes kennen und ermitteln

Zu einer sorgfältigen, auf die Bedürfnisse des Kindes ausgerichteten Planung der Bau- oder Einrichtungsmaßnahmen gehört es nicht zuletzt, soweit als möglich die Wünsche des Kindes zu ermitteln.

Während die Eltern dies in den ersten Lebensjahren noch weitgehend selbst entscheiden müssen, entwickeln auch Kleinkinder dann doch bald ein Bewusstsein von persönlichen Vorlieben – und sei es zunächst auch nur die Lieblingsfarbe.

Es empfiehlt sich, sobald es möglich ist, die Wünsche des Kindes zu erfragen und entsprechend in die Planung einzubeziehen. Ein Zimmer in den „falschen" Farben – beispielsweise Lindgrün, wenn Rosa der Favorit ist – kann die Akzeptanz des neu gestalteten Kinderreichs stark vermindern! Desgleichen wird ein Autoliebhaber wenig mit einem Tierzimmer anfangen können – und umgekehrt.

Nicht zuletzt, da kleine Kinder sehr gerne kuscheln und Höhlen aus Decken bauen, sollten hier weiche Wohntextilien eine wichtige Rolle spielen. Den Hintergrund bildet am besten die helle bzw. pastellig abgetönte Lieblingsfarbe (Annette Frank).

Es verbietet sich auch von vorneherein, das Kinderzimmer mit Resten unansehnlichen Altmobiliars auszustatten oder zu Teilen als Stauraum – etwa für den rustikalen Riesen-Wandschrank – zweckzuentfremden. Bedenkt man, dass Kinderzimmer in der Regel ohnehin nicht sehr groß sind, wird auf solche Weise die zur Verfügung stehende Spiel- und Rückzugsfläche stark geschmälert.

Die Kinderzimmereinrichtung muss nicht die Welt kosten, aber in jedem Fall die Ansprüche des Kindes in den Vordergrund stellen.

Die Kleinen
ins Alltagsleben einbeziehen

Kinder brauchen Nähe. Je kleiner das Kind ist, desto wichtiger ist diese Nähe für die Entwicklung. Die teils noch immer angewandte Praxis, Babys und Kleinkinder für die überwiegende Zeit des Tages in ihren eigenen Räumen „abzustellen", wird diesem Nähebedarf nicht gerecht.

Auch wenn es manchmal die Büroarbeit oder sonstige Tätigkeiten erschwert, ist ein möglichst enges und lang andauerndes Zusammensein gerade im Kleinstkindalter von großer Bedeutung. Daher sollte der Baby-Bettkorb oder der Kinderwagen wann immer möglich dort stehen, wo Papa oder Mama sind. Mobile Konstruktionen wie Babykörbe auf Rollen sind daher sehr empfehlenswert.

Ferner gehört dazu eine weiche Krabbeldecke aus – am besten schadstoffgeprüften – Naturmaterialien. Eine prima Alternative oder Ergänzung ist ein echtes Lammfell, das wundervoll warm hält. Wichtig ist, dass die Unterlage nicht nur Stöße wirkungsvoll dämpft, sondern auch gegen die Kälte mancher Bodenbeläge isoliert. Kunstfaserteppiche sind schlecht geeignet, da sich in ihnen nicht nur Milben sehr wohl fühlen, sondern sie sich auch elektrisch aufladen.

Laufställe sind eher etwas für kurze Phasen, in denen das Baby unbeaufsichtigt ist. Längere Aufenthalte hinter schwedischen Gardinen sollten besser vermieden werden – wer will sich schon gerne über längere Zeit einsperren lassen?

Gemeinsames Familienleben am Kaffee- oder Esstisch ist ausgesprochen wichtig für kleine Kinder (Architektur: Noichl und Blüml).

Zur kreativen Beschäftigung auf der Krabbeldecke werden gerne Spielsachen angenommen, die die Feinmotorik des Babys fördern – so etwa Spieltrapeze mit integrierten Kugelschnüren, die über die Liegedecke gestellt werden können.

Derartige Utensilien – übrigens auch Rasseln oder Beißringe – sollten aus naturbelassenem oder schadstofffrei lackiertem Holz und ökologisch unbedenklichen Naturmaterialien bestehen. Das ist nicht nur für die Gesundheit wichtig, damit das Kind keine beispielsweise in Plastikspielzeug enthaltenen Weichmacher oder ähnliches aufnimmt, sondern vermittelt dem Kleinen auch viel bessere Berührungs-Erfahrungen.

Bild links: Zusammen und in der Nähe der Erwachsenen bastelt und malt es sich meist am besten.

Zudem wirkt Kunststoff-Zubehör wenig hochwertig und besitzt eine oft nur sehr kurze Lebensdauer. Spätestens mit dem Übergang vom Baby- zum Kleinkindalter empfiehlt es sich, im Wohn- beziehungsweise Essbereich eine Ecke für Baukasten-, Auto- oder Puppenspiele einzurichten, noch etwas später dann ein Tischchen mit dazu passenden Stühlen beziehungsweise Bänken, wo die Kinder malen und basteln können. Am besten werden der Spielbereich und die Kreativecke schon bei der Grundriss- und Einrichtungsplanung mit berücksichtigt.

Gestalterische Klarheit
und ruhige Atmosphäre

Im Grunde suchen alle Familienmitglieder zuhause Ruhe und ein entspanntes Miteinander. Dazu gehört ohne Zweifel auch eine entsprechende Innenarchitektur und vor allem eine sparsame, auf Wertigkeit abgestimmte Einrichtung, denn in einem überladen wirkenden Ambiente findet das Auge ebenso wenig Ruhe wie in einer übermäßigen Unordnung.

Natürlich sieht es in einem Haushalt mit Kindern oft einmal unordentlich aus, aber das ist halb so schlimm, wenn es immer wieder systematisch beseitigt wird. Den passenden klaren Rahmen schaffen Ausstattung und Mobiliar.

Fassen Sie sich ein Herz, die übermäßig rustikale Küchen-Eckbank aus der alten Wohnung zu veräußern oder dem Sperrmüll anzuvertrauen und ersetzen Sie sie durch ein Massivholzmöbel mit klaren Formen! Auch im Haushalt mit Kindern sollte man sich nicht ewig mit Ladenhütern aus der Vergangenheit belasten, denn das tägliche Wohnumfeld beeinflusst auch die eigene Stimmung. Insbesondere in Familien mit kleinen Kindern verbringt zumindest einer der Partner viel Zeit zuhause, man sollte es sich daher auch selbst so schön wie möglich machen.

Noch entscheidender ist dies bei der Gestaltung des Kinderzimmers: Auch Babys nehmen ihre Umwelt schon nach einigen Wochen auch visuell wahr, hinzu kommt der Tastsinn und das Gehör. Gedämpfte Geräusche werden dabei als angenehm empfunden. Schlecht sind Kinderzimmerböden aus Laminat, die in der Regel beim Begehen ein unangenehmes Geräusch verursachen, für den Tastsinn von geringem Erfahrungswert und nicht zuletzt baubiologisch unsinnig sind. Grundsätzlich ist beim Einbau von Belägen auf eine effektive Trittschalldämmung zu achten, die durch möglichst starke Korkschichten als Unterlage, bei Zwischendecken auch durch die Verwendung schwerer Baustoffe wie Ziegelschrot erreicht wird.

Bei aller Wohnlichkeit muss immer genug Freiraum bleiben, um am Boden Kissen-Kuschel-_andschaften zu schaffen oder auch einmal eine Auto-Rennbahn aufbauen zu können (Annette Frank).

Babykorb, Himmelbettchen & Kuschelecke:
Geborgenheit beim Schlafen und Spielen

Babys und Kleinkinder brauchen während der Wach-
phasen die Nähe der Eltern, in den Ruhephasen tut aber
eine visuelle und auch akustische Abgrenzung gut.

Beispiel für eine perfekte Kuschelecke mit weicher, farbig bezogener
Matratze, Wohlfühl-Kissen und Lieblingstieren.

Babykörbe und Betten können beim Schlafen mit klappbaren
oder vorziehbaren Baldachins vor grellem Licht und bis zu einem gewissen Grad auch vor allzu lauten Geräuschen geschützt werden.

Kleine Kinder brauchen auch untertags Rückzugsorte, wo sie
sich geborgen fühlen und doch ungestört sein können. Perfekt eignen sich hierfür Bereiche in etwas dunkleren Zim-
merecken, die mittels weicher Matratzen, farbiger Kissen,
Lieblings-Kuscheltieren und einer Abtrennung aus Decken
oder Tüchern zu kleinen Lieblings-Höhlen werden.

Unter Hochbetten lassen sich diese besonders gut einrichten,
aber auch Spielzelte erfüllen ihren Zweck. Alternativ können
schöne bunte Tücher mit Ösen versehen und mittels Seilen
an Wänden und Decke befestigt werden, sodass eine Art Zelt

Himmelbetten mit hellen bzw. pastelligen Bezügen, Decken und Kissen gehören insbesondere im Mädchenzimmer zu den Favoriten.

oder sogar ein kleines Beduinenlager entsteht. Ein solches Zelt kann man leicht dadurch herstellen, dass drei bis vier Drahtringe mit etwa eineinhalb bis zwei Metern Durchmesser in einen ausreichend festen, bunten Stoff eingenäht werden, der an der Spitze zusammengenäht und mittels einer Öse an der Decke befestigt werden kann.

Für Könner in Sachen Handarbeit bietet es sich an, auf einer Seite ein Vorzelt anzubringen, das dann durchaus nochmals farblich abgesetzt werden kann. Wenn ausreichend Platz zur Verfügung ist, kann auch ein selbst gezimmertes Spielhaus im Kinderzimmer oder im Spielflur platziert werden.

»Kleine Kinder brauchen Rückzugsorte, wo sie sich geborgen und ungestört fühlen«

Perfekt ist es, wenn das Mobiliar gemütlich, praktisch und für verschiedene Altersstufen brauchbar ist (Kinder Räume/Oliver Beil).

Immer die passende Ausstattung –
vom Baby- bis zum Kindergartenalter

Die Altersentwicklung des Kindes führt sowohl zur Veränderung der Ansprüche und Gewohnheiten als auch zu notwendigen Veränderungen in der Ausstattung. Zunächst am augenfälligsten ist der Übergang vom Babybett oder -körbchen zum Kleinkindbett und dann zum normalen Jugendbett.

Ein gemütliches Plätzchen auf der Wickelkommode und ein traumhafter Stubenwagen passen perfekt fürs Baby, der farbige Schrank begleitet über die Jahre hinweg.

Anfangs ist eine Liegefläche von ca. 40x90 bis 50x100 cm ausreichend, das bereits im ersten Lebensjahr folgende Kleinkindbett sollte dann schon Maße von ca. 70x140 cm aufweisen. Je nach Wachstumsgeschwindigkeit wird dann im zweiten bis dritten Lebensjahr der Umstieg auf das endgültige Jugendbett erfolgen, das im Normalfall 90x200 oder 100x200 cm misst. Die Anschaffung mehrerer Betten unterschiedlicher Größe wird sich nicht vermeiden lassen, da Babys und auch Kleinkinder genug Platz, aber auch Begrenzung brauchen. In zu großen Betten neigen Säuglinge auch dazu, sich unter die Zudecke zu drehen. Während die Eltern bei Säuglings- und Kleinkindbetten in erster Linie auf die Gestaltung, Ergonomie und wohngesundheitliche Aspekte achten werden, kommt mit Zunahme des Bewegungsdrangs auch der Erlebnisaspekt hinzu. Im Kindergartenalter wird man mit einem noch so liebevoll gestalteten normalen Bett weniger

Begeisterung ernten als etwa mit einem Hochbett inklusive Rutsche, Kletterseil und womöglich noch weiteren interessanten Spielelementen. Die Anschaffung eines Hochbetts empfiehlt sich grundsätzlich aber erst dann, wenn das Kind sich sicher bewegt. Im Zweifelsfall kann die Schlafstatt mit Netzen gegen das Herunterfallen geschützt werden. Zudem fühlen sich die ganz Kleinen in der Regel in einem Hochbett zu wenig geerdet und schlafen deshalb schlechter.

Mit dem Alter wandeln sich auch die Anforderungen an den notwendigen Stauraum. Es sammeln sich zunehmend mehr Spielzeug, Kleidung und Accessoires an, die nur zum Teil aussortiert und auch nicht immer im Keller gelagert werden können. Charmante antike Schränke, Kommoden und Truhen können ihrerseits optisch weniger ansprechende Ordnungssysteme aufnehmen, etwa Aufbewahrungsboxen unter-

Neben einer ausreichend großen Aufbewahrungs-
möglichkeit gehört ins Kleinkindzimmer schon bald
auch eine kleine Sitzgruppe mit mehreren schönen
Stühlen. Wenn der Tisch klappbar ist, kann er beim
Malen und Basteln den Bedürfnissen und dem Alter
angepasst werden (Kinder Räume/Oliver Beil).

In Zwischenwände eingebaute Alkoven sind klasse und nutzen den Platz optimal aus.
Auch Hochbetten schaffen zusätzlichen Raum und bieten zudem die Möglichkeit, darunter
Kuschelecken oder Malplätze unterzubringen. Gerne genommen werden Schlafstellen
mit spielerischem Zusatznutzen wie beispielsweise angedockte Rutschen (siehe unten).

schiedlicher Größe aus Pappe für Utensilien aller Art. Spielsachen und Gegenstände, mit denen die Kleinen häufig
spielen, sollten leicht zugänglich sein und sich in Reichweite
der Kinder befinden. Gestaltungskonzept und Möblierung
eines Kinderzimmers werden grundsätzlich mit zunehmen-
dem Alter weniger von den Eltern und mehr von den Kindern
selbst bestimmt. Sechsjährige empfinden etwa manches Mal
schon das Einrichtungskonzept ihres Zimmers als zu kindisch.

Insofern bietet sich am Anfang die beste Gelegenheit, ein
stimmiges Gesamtkonzept zu verwirklichen. Ob man dies im
Alleingang, mit einem Einrichtungsberater oder einer Innen-
architektin beziehungsweise einem Innenarchitekten in An-
griff nimmt, hängt von den eigenen Möglichkeiten, Vorlieben,
der vorhandenen Zeit und der eigenen Kreativität ab.

Kunterbunt mit Konzept:
Die Geheimnisse der Farbgestaltung

Kinder lieben Farben. Sie erfreuen das Auge und bilden die Grundlage für eine harmonische Wohnatmosphäre. Zufällige Buntheit hat aber noch nichts mit kindgerechter Gestaltung zu tun – vielmehr sollte eine freundliche und warme, aber ruhige Grundatmosphäre angestrebt werden, die auch kräftige Farbakzente erst richtig zur Geltung kommen lässt!

Ein vorbildliches Beispiel für warme Farbharmonien ist das Bild von Annegert Fuchshuber
(Illustration zu „Die Prinzessin auf der Erbse") und das von Pauline selbst gefilzte
Prinzessinnen-Selbstpcrträt.

Bei Wohntextilien darf es punktuell auch schon einmal etwas kunterbunt werden, das wirkt gegen Langeweile!

Ein gutes Beispiel für die Harmonie von hellen, warmen Farbtönen und
der hölzernen „Bretterwand", die den Hintergrund für die Blumen bildet.

In besonderer Weise kommt es dabei auf die Auswahl der
Wand- und Deckenfarben an, da diese in der Regel die Vor-
gaben und den gestalterischen Orientierungsrahmen für die
übrige Ausstattung schaffen.

Im Kleinkindzimmer sind helle, warme Farben immer die richtige Wahl. Bestens eignet sich hierfür die Gelbpalette von
Cremefarben über Maisgelb bis zu einem kräftigen Sonnen-
gelb, aber auch Orangetöne, im Mädchenzimmer selbstverständlich Rosa sowie ein helles Rot, Blau oder Grün. Dunkle
Töne können einmal punktuell im Rahmen einer bunt gestalteten Wand oder Ähnlichem vorkommen, dürfen aber nie die
Leitfarbe bilden.

Die besten Farbkombinationen fürs Kleinkindzimmer

- Gelb/Orange und helles Blau oder Blauviolett – komple-
mentäre, harmonische Kombination, die zugleich warm,
aber auch abkühlend und konzentrationsfördernd wirkt;
daher auch für Jungenzimmer sehr empfehlenswert.

- Helles Rot und Grün – sehr gute Komplementär-Kombina-
tion (z.B. Erdbeerrot und Erbsengrün) mit sowohl beleben-
der als auch beruhigender Komponente.

- Rosa und Hellblau – märchenhafte Mélange für kleine
Träumer(innen), wobei hier knalliges Pink vermieden werden sollte; pastellfarbene Töne wirken weit harmonischer.

Aus verschiedenen Wohntextilien entsteht hier eine perfekte Komplementärwirkung aus warmem Gelb und Türkis/Blau. Der Vorhang ist selbst designt und genäht, mit blau-goldenen Kronen bedruckt und mit „Goldtalern" geschmückt.

Farbkonzept und Bodenbelag

Geölte Bodenbeläge aus massivem Holz harmonieren im Grunde mit allen Farbtönen. Sonderfälle mit farbig lasierten oder deckend gestrichenen Holzoberflächen erfordern allerdings ebenso die Abstimmung mit dem gewählten Farbkonzept wie bei der Verlegung von farbigem Linoleum oder farbigem Korkparkett.

In beiden Fällen handelt es sich um Produkte aus natürlichen beziehungsweise nachwachsenden Rohstoffen. Das altbekannte einheitsgraue Linoleum ist längst passé, heute gibt es den Belag in allen erdenklichen Farben und Mustern, auch mehrfarbig marmoriert – also das perfekte Material für die Farbgestaltung im Kinderzimmer! Korkböden, die teils als Klick-Parkett, teils als Plattenware angeboten werden, sind angenehm fußwarm, weich und auch in verschiedenen Farben lieferbar, neigen allerdings zum Verschmutzen und lassen sich nicht so einfach abschleifen, wie dies etwa bei einem Massivholzboden der Fall ist.

Gerade in Mietwohnungen ist die Farbgebung der Wände und Decken oft vorgegeben. Solange es sich um neutrales Weiß handelt, kann dies teils belassen, teils partiell verändert werden. Niedrigen Räumen tut eine einheitliche helle Raumfarbe sehr gut, da es sie höher wirken lässt.

Ist ein Zimmer dagegen sehr hoch (drei Meter oder mehr) bei vergleichsweise kleiner Fläche, empfiehlt es sich, die Decke durch eine farbige Bordüre auf 80-100 Zentimetern Höhe oder einen flächigen Anstrich im unteren Wandbereich visuell etwas „herunterzuholen". Bunt gemusterte Bordüren können in papierner oder textiler Version fertig gekauft oder selbst hergestellt werden. Ein farbig passender, schöner Stoff mit ausreichender Stärke kann in etwa 20 Zentimeter breite Bahnen geschnitten, eingefasst und an der Wand befestigt werden.

Ebenso möglich ist es jedoch, Bordüren nur mit Farbe zu gestalten – etwa mit selbst gemachten Schablonen aus Sperrholzplatten. Die Motive können vielfältig sein, sollten aber zum Gestaltungsthema passen.

Deutlich aufwändiger, aber sehr hochwertig, ist die Verschalung des unteren Wandbereichs mit Holz, wie man es etwa aus vielen Häusern in Großbritannien oder Skandinavien kennt. Dies eignet sich bestens fürs Do-it-yourself: Es braucht lediglich eine Unterkonstruktion aus waagerechten Leisten, auf der dann senkrecht nicht zu breite Bretter – am besten mit Nut und Feder – aufgeschraubt werden. Ober- und Unterkante müssen dann noch mit Leisten abgedeckt werden. Der Anstrich der Konstruktion richtet sich nach dem jeweils gewählten Farbkonzept. Im Kleinkind-Domizil empfehlen sich insbesondere helles Gelb, helles Lavendelblau und Schilfgrün.

Kindermöbel und -spielgeräte
für die Kleinsten selber bauen und gestalten

Es ist wunderschön und sehr individuell, Möbel für die eigenen Kinder mit eigenen Händen anzufertigen.

Allerdings können, wenn das Ergebnis funktional und ästhetisch ansprechend sein soll, nur Männer und Frauen vom Fach oder sehr geschickte Heimwerker Schränke, Stühle, Betten und anderes Mobiliar mit hohen Wissensanforderungen selbst schreinern. Menschen mit normaler Begabung tun gut daran, sich auf machbare Aufgaben zu beschränken.

Dazu zählen etwa Regale, Wickeltisch, Spieltischchen, Sandkästen und Spielhäuser. Praktisch umsetzbare Vorlagen in Plan und Text hierzu finden sich auf den Seiten 128-137 im Anhang.

»Eine gute Alternative zur Eigenproduktion: Die Veredlung vorhandenen Mobiliars«

Während eine – selbst gezimmerte oder auch gekaufte - Spiel-Küchenzeile aus unbehandeltem Massivholz gut so bleiben kann, steht einer Laubsäge-arbeit wie dieser wunderschönen Garderobe eine detaillierte Farbgestaltung sehr gut zu Gesicht.

Gewusst wie: Aus grauen Möbel-Mäusen Kunstwerke machen

Eine gute Alternative zur Eigenproduktion ganzer Möbel-stücke ist die Veredlung vorhandenen Mobiliars. Verwen-den Sie ein vorhandenes Stück oder kaufen Sie ruhig einmal einen günstigen, unbehandelten Massivholz-schrank und veredeln Sie diesen mit eigenen Mitteln zu einem unverwechselbaren Einzelstück!

Je nach gewähltem Farb- und Themenmotto entstehen so wahre Kunstwerke, die kein anderes Kind hat und die doch nicht die Welt kosten. Langweilige Schranktüren werden im Nu zu Kunstwerken, indem sie mit bunten Farben entweder von den Kindern kreativ gestrichen oder von Mama und Papa sorgsam gestaltet werden. Ins Seemanns-zimmer passt etwa ein in blau und weiß gestrichener Schrank, auf den Sand, Muscheln und Seesterne aufgeklebt werden. Die Segel eines aus Sperrholz gesägten Bootes können dann etwa über die Schranktüren hinausragen.

Wohnt die kleine Fee in einem Blumenwiesenzimmer, über-nimmt die Baumkrone die Rolle des Segelbootes, beim Prin-zessinnenzimmer ist es die kunstvoll ausgesägte Krone. Alter-nativ lassen sich aus dem Schrank- oder Möbelkorpus mittels einer Stichsäge auch Teile aussägen – etwa in Form von Tieren wie beispielsweise Delfinen, Bären, Elefanten oder Löwen.

An der richtigen Stelle angesetzt, erhält man so übrigens auch lustige und kostengünstige Griffe. Zum Schutz gegen Staub kann das jeweilige Motiv dann etwa mit buntem Wollfilz in der Farbe des jeweiligen Tieres hinterlegt werden.

Es muss nicht immer Schreinern sein:
Gestaltung und Wohntextilien

Weit einfacher als das Selbstzimmern von Möbeln gestaltet es sich, aus den Kinder- und Familienreichen mittels Wohntextilien kleine Paradiese zu zaubern.

Die Wahl hübscher und wertiger Wohntextilien – hier ein Prinzessinnen-Bettüberzug von Designers Guild – bringt Blickfänge ins Kinderzimmer.

Voraussetzung dafür ist lediglich Freude am Gestalten und ein Gefühl für passende Farben, Formen und stimmige Details. Gegebenenfalls steht meist die eine oder andere Freundin zur Verfügung, die mit Tipps, Tricks und lokalen Spezialadressen weiterhelfen kann, wenn es doch einmal hakt.

Neben einem stimmigen Farbkonzept und ansprechend gestalteten Mobiliar spielen hochwertige Wohntextilien eine wichtige Rolle für den gestalterischen Gesamteindruck und den „Wohlfühlfaktor". Hier sollte nicht zu spontan zugekauft, sondern auf ein harmonisches Zusammenwirken geachtet werden. Wichtig ist dies insbesondere bei Bettwäsche, Sofaüberzügen, Kuscheldecken und Teppichen. Gerade für Babys und Kleinkinder gibt es hier eine breite Auswahl ansprechender und guter Stoffe – beispielsweise von Annette Frank oder Designers Guild. Eine Reihe empfehlenswerter Bezugs-

Die Auslegeware sollte nicht vom „billigen Jakob" stammen, sondern ebenso schadstoffarm wie weich sein und ins gewählte Farbkonzept passen (Annette Frank).

adressen findet sich im Anhang dieses Buches. Dieses Grundprogramm kann dann durchaus durch einzelne Teile anderer Herkunft ergänzt werden, solange das grundlegende Farb- und Gestaltungsprogramm gewahrt bleibt.

Kleinere Stücke und Accessoires brauchen auch nicht unbedingt immer sofort vorhanden zu sein, sondern können je nach Inspiration punktuell ergänzt werden.

»Hochwertige Wohntextilien prägen die Einrichtung und den »Wohlfühl« faktor«

Unterschiedliche Design-Motive können kombiniert werden, wenn die Grundfarben harmonieren.

Gesundheit für die Kleinsten
als Wohn- und Einrichtungsaspekt

Bei der Einrichtungsplanung stehen meist natürlich gestalterische Aspekte im Vordergrund, jedoch sollte ganz besonders beim Wohnen mit kleinen Kindern auch die gesundheitliche Unbedenklichkeit von Mobiliar und Accessoires eine wichtige Rolle für die Kaufentscheidung spielen. Der Organismus des Babys und Kleinkindes reagiert noch deutlich sensibler auf Schadstoffbelastung als der des älteren Kindes oder Erwachsenen. Eine hohe Schadstoffbelastung der Wohnräume beziehungsweise des Kinderzimmers kann den Hormonhaushalt beeinflussen, Allergien auslösen, Veränderungen des Erbguts hervorrufen und die Entstehung von Krebs begünstigen.

Schadstoffe können im Ausgangsprodukt selbst enthalten (z.B. mit Insektenvernichtungsmitteln gespritzte Baumwolle) oder bei der Herstellung (z.B. Spanplatten) beziehungsweise bei der Veredlung (Lackierung, Färbung) von Möbeln und Wohntextilien hinein gelangt sein. Der Teufel lauert hier, da unsichtbar, im Detail und ist nicht immer ganz einfach zu erkennen. Vertrauen Sie hier im wahrsten Sinne ruhig ihrer Nase, die etwa den für Spanplattenprodukte oft charakteristischen Geruch nach formaldehyd- beziehungsweise schadstoffhaltigen Stoffen sofort als unangenehm empfindet.

Entscheiden sich die Eltern grundsätzlich gegen Möbel aus folienkaschierten Spanplatten und für unbehandelte Massivholzprodukte, vermeiden Sie damit schon einmal einen Großteil der Risiken. Textilien, die den Ausweis „schadstoffgeprüft" tragen, zeigen hiermit schon einmal das nötige Problembewusstsein und sind in der Regel wenigstens nicht hoch belastet. Noch genauere Hinweise liefern speziell durchgeführte Tests auf Schadstoffe zum Thema Bauen, Wohnen und Einrichten (siehe insbesondere www.oekotest.de). Siegel wie der „Blaue Engel" geben eine Orientierung, sind aber aufgrund der teils nicht sehr strengen Bewertungsmaßstäbe keine Garantie für gesundheitliche Unbedenklichkeit. Dazu eine kleine Hilfestellung in Form einer tabellarischen Checkliste:

Einrichten ohne Gesundheitsgefährdung –
die wichtigsten Maßnahmen

- Bevorzugter Kauf von unbehandeltem oder nachweislich mit ökologischen Farben behandeltem Massivholzmobiliar.
- Weitgehende Vermeidung von Kunststoff-, Kunstfaser- und Spanplattenprodukten.

Damit Kinder und Eltern gut und gesund schlafen, ist hier wie auch beim Rest des Kinderzimmers die Auswahl schadstoffgeprüfter und am besten ökologisch erzeugter Bettwäsche wichtig.

- Keine Verwendung umweltschädlicher Produkte aus PVC/PVDC/chlorierten Kunststoffen, PUR oder anderen gesundheitsgefährdenden Stoffen, keine lösemittelhaltigen oder stark formaldehydbelasteten Produkte.
- Verwendung von biologischen Holzfarben und Wandfarben (z.B. schadstofffreie Silikatfarben, Kalk-Kasein-Farben).
- Orientierung an geruchlichen Aspekten (z.B. Spanplatten).
- Berücksichtigung von Testergebnissen (z.B. Zeitschrift 'Öko-Test' und www.oekotest.de).
- Orientierung an Prüfsiegeln (z.B. „kbA"/"kontrolliert biologischer Anbau" bei Textilien).

Neben dem Schadstoffgehalt von Bau- und Einrichtungsteilen spielt für die Wohngesundheit auch die Belastung mit Hausstaub und Milben eine wichtige Rolle, die sich besonders gerne in Teppichböden sammeln. Dagegen lassen sich Materialien und Gegenstände aus Holz und anderen nachwachsenden Rohstoffen gut reinigen und leisten zudem einen wichtigen Beitrag zur Regulierung des Wohnraumklimas, indem sie Luftfeuchtigkeit aufnehmen und wieder abgeben. Kunststoffputze und Kunststoff- sowie Laminatböden wirken sich hingegen deutlich negativ auf das Raumklima aus. Dies gilt allgemein übrigens auch für alle Materialien und Wandaufbauten, die Luftfeuchtigkeit absperren.

Nicht zuletzt geht es darum, im Zimmer eines Säuglings oder Kleinkindes für eine Dämmung der Gebäudehülle aus nachwachsenden Rohstoffen zu sorgen – insbesondere dann, wenn es sich im Dachgeschoss befindet. Solche ökologischen Dämmmaterialien schützen aufgrund der weit längeren Wärmedurchgangszeit weit besser gegen Hitze als konventionelle Produkte auf Mineralölbasis, etwa aus Steinwolle,

In diesem Kinderzimmer sorgen Boden und Wände aus unversiegeltem Massivholz für ein gesundes Raumklima, die ökologische weiße Farbe bringt zusätzlich Helligkeit in den Raum.

Massive Holzwand und Schmöker-Tisch aus geölter, massiver Buche schaffen hier eine kindgerechte, warme Atmosphäre.

und verschaffen dem Kleinen somit einen allzeit angenehmen Schlaf. Für den Einsatz nachwachsender Rohstoffe sind teils Fördermittel und auch zinsvergünstigte Kredite verfügbar.

Zum Aspekt Wohngesundheit zählt weiterhin auch die Belastung mit so genanntem Elektrosmog und anderen Strahlenquellen. Es gilt heute als erwiesen, dass sich dies negativ auf die Gesundheit von Kleinkindern auswirken kann. Daher sollten nach Möglichkeit Elektroverbindungen sparsam verlegt, nur so viele Steckdosen wie notwendig vorgesehen und die Elektroinstallation gegebenenfalls mit Netzfreischaltern ausgestattet werden. Das Bett und insbesondere das Kopfende sollten sich nicht in der Nähe von Steckdosen befinden.

Ferner ist darauf zu achten, dass – in Zimmern von Klein- und Kindergartenkindern eigentlich eine Selbstverständlichkeit – keine Fernseher platziert werden. Gleiches gilt für Telefone mit DECT-Standard, die häufig auch im Ruhezustand gepulste Strahlen abgeben, und für so manche Baby-Phones! Vor dem Kauf eines solchen, im Grundsatz sinnvollen und notwendigen Überwachungsgerätes fürs Kind, sollten unbedingt einschlägige Testberichte zu Rate gezogen werden. Computer stehen in diesem Alter ohnehin am besten im Elternbereich. Auch bei der Anschaffung von Leuchten fürs Kinderzimmer ist darauf zu achten, dass die Produkte im Nahebereich (ca. 50 cm) keine erhöhten elektrischen Wechselfelder produzieren.

Vorbeugen statt Heilen:
Das kindersichere Haus

Im Grunde geht schon mit dem Erwerb der Erstausstattung das Nachdenken über Sicherheitsaspekte los. Scharfe Kanten sind bei Möbeln ebenso zu vermeiden wie abstehende Schraubverbindungen. Das Babybett oder die Wiege müssen mit einem „Nestchen" stoßsicher gemacht werden, das zumeist mittels angenähter Bänder an den Gittersprossen beziehungsweise dem Bettgestell befestigt wird. Das Kopfkissen darf nicht flauschig dick sein, um Erstickungsgefahr zu vermeiden.

Eine der wichtigsten Sicherheitsmaßnahmen ist die Vermeidung von Stürzen aus größerer Höhe wie etwa durch stabile Fangnetze.

Beim Laufstall bewahren eine Abpolsterung der Bodenplatte und ebenfalls gepolsterte Nestchen an den Seiten vor schmerzhaften Stößen. Beginnt das Kind dann umherzukrabbeln oder auch umherzurollen, muss das gesamte Wohnambiente dingfest gemacht sein, denn der gesunde Entdeckereifer kennt zunächst einmal kaum Grenzen.

Checkliste: Die wichtigsten Sicherheitsmaßnahmen im Kleinkind-Haushalt

- Absperrung von Treppen mittels Holzgittertüren.
- Installieren von Schutznetzen an gefährlichen Treppen- und Balkonbrüstungen.
- Keine Überklettermöglichkeiten bieten (z.B. Stühle in der Nähe von Galeriebrüstungen).
- Anbringen von Steckdosensicherungen.
- Verriegeln von Schränken und Aufbewahrungsmöbeln mit gefährlichem Inhalt durch Kindersicherungen.
- Ausstattung von Fenstern und Fenstertüren mit Kindersicherungen; ersatzweise Einbau abschließbarer Griffe.
- Herdplatten gegen Berührung sichern.
- Konsequentes Aufräumen verschluckbarer Kleinteile und scharfer/spitzer Gegenstände.
- Wegräumen von Plastiktüten, Säcken und langen Stricken/ Schnüren wegen der Erstickungs- bzw. Erdrosselungsgefahr.
- Stabile Montage von Mobiliar.
- Abpolstern scharfer Kanten und Ecken.
- Vermeidung von Glasmobiliar.
- Vermeidung von Wasserflächen im Garten wegen der Gefahr des Ertrinkens.
- Verzicht auf giftige Pflanzen (z.B. Goldregen, Glycine, Schneeball, Heckenkirsche, Oleander, Engelstrompete).

Die Kleinsten im Freien –
erste Schritte zur Naturerfahrung

Ein Garten ist schon im Säuglingsalter durchaus von Bedeutung. Ein Baum als „Schutzschirm" wirkt mit seinem beruhigenden Grün zusammmen mit der frischen Luft sehr förderlich auf den Mittagsschlaf und das Wohlergehen des Babys.

Ein charmantes Gartenhaus zu ebener Erde – hier sogar mit eigener Terrasse – eignet sich bereits für die Kleinsten, sobald sie eben weit genug laufen können (Kinder Räume).

Einige Zeit später lockt schon der Sandkasten, der für Kleinkinder und Kindergartenkinder einer der wichtigsten Spiel- und Lernplätze überhaupt ist. Hier üben sie der Umgang mit Schaufel, Eimer und verschiedenen Formen, machen Bekanntschaft mit Sand und bauen die ersten eigenen Kunstwerke – am besten mit „Zutaten" aus dem Garten wie Stöcken, Blüten und Blättern sowie Wasser aus der Gießkanne.

Die Entwicklung der motorischen Fähigkeiten und der Kreativität, beim Buddeln mit anderen Kindern auch der sozialen Kompetenz, wird hier enorm gefördert. Unter sanfter Anleitung der Eltern wird der eigene Garten auch zum Lernfeld in Sachen respektvollem Umgang mit Tieren und Pflanzen. Selbstverständlich dürfen zu diesem Zeitpunkt keine Teiche und gefährlichen Pflanzen mehr vorhanden sein, ansonsten aber sollte dem Erkundungsdrang des Kleinen nichts im

Wege stehen. Der Drang zum Bezug einer eigenen „Höhle" ist bei kleinen Kindern früh zu erkennen. Im Garten suchen sie sich schnell Plätze – etwa unter großen, überhängenden Büschen – in denen sie sich ein kleines Lager einrichten.

Nach Möglichkeit sollte im Garten ein Stück fürs Ballspielen freigehalten werden. Stabile und leichte Metalltore mit Netzen gibt es im Baumarkt meist günstig zu kaufen.

Wenn der Garten kleiner ausfällt oder auch ganz fehlt, sind großzügig dimensionierte Balkone oder holzgedeckte Terrassen am Haus prima Alternativen, um gemeinsam Spaß zu haben und frische Luft zu schnappen. Vordächer oder Holzschiebeläden wie auf diesen Bildern sorgen dafür, dass es den Kleinen dabei nicht zu heiß wird (Architektur: Bauatelier Metzler (links), may.schurr.architekten).

Noch besser, da trockener, ist dann ein kleines Spielhaus aus Holz, das gekauft oder auch ohne Schwierigkeit selbst gefertigt werden kann (siehe Anhang). Für Kleinkinder muss das Haus ebenerdig oder über wenige Stufen zu betreten sein. Ist eine Tür vorhanden, so sollte durch geeignete Konstruktion dem Einklemmen der Hände weitgehend vorgebeugt werden.

Auf Stützen errichtete oder gar in einer Baumkrone eingepasste Kinderhäuser sind primär für Kinder ab etwa fünf Jahren geeignet, da sie dann schon eine entsprechende Körperbeherrschung besitzen. Die Plattform sollte sich in diesem Alter aber keinesfalls mehr als zwei Meter über dem Erdboden befinden. In Häusern und vor allem Wohnungen bietet sich nicht immer Platz für ein Pflanzenparadies, aber meist Raum auf Balkon oder Terrasse, um das Leben im Freien zu genießen.

Unter einem schützenden Vordach beziehungsweise Dachüberstand lässt es sich auch dann prima aushalten, wenn die Sonne einmal nicht lacht.

Bei der Neuplanung dürfen Balkone, die stimmig in die Architektur integriert sind, durchaus auch einmal drei Meter tief sein. Erstrecken sich die Balkone dann auch noch über die gesamte Länge der Fassade, so haben Klein und Groß enorm viel geschützten Spiel-, Spaß- und Aufenthaltsraum zur Verfügung.

Das kann ein guter Ersatz für einen nicht vorhandenen oder sehr kleinen Garten sein, ist aber gerade bei kleinen Kindern praktisch, da man sie so beim Spielen im Freien bestens im Auge behalten kann. Auf großen Balkonen oder auch Dachterrassen können durchaus auch Sandkästen aufgestellt werden, Dreiradfahren wird hier zur Königsdisziplin.

Beste Beispiele

Häuser und Wohnungen für die Kleinen und ihre Eltern

Zuhause wohnen
und arbeiten

Wenn ein Architekten-Ehepaar für sich und seine Kinder plant, kann ein sehr spannendes Familienheim entstehen.

Ein besonders schönes Beispiel hierfür ist das Haus der Molitors in der bayerischen Rhön, das wunderschöne gemeinsame Wohnbereiche mit fantasievollen Kinderzimmern und Spielzonen vereint.

Bild links: Wunderschöner Wickelplatz auf antiker Kommode (Ende 19. Jahrhundert, oberflächenbehandelt mit Leinölfirnis) mit lustigem Pappmaché-Zwerg.

Familien-Traum am Hang: Rechts oben befinden sich die Wohnräume, im roten Trakt ist das Architektur- und Ingenieurbüro untergebracht. Die untere Ebene birgt die Kinderzimmer und das Elternschlafzimmer.

Hoch über dem Tal des Städtchens thront das Haus der Familie Wiesner-Molitor. Mit den teils holzverschalten, teils rot gestrichenen Außenwänden strahlt es schon von weitem Wärme aus. Petra Wiesner-Molitor ist Architektin, Marcel Molitor Bauingenieur – daher sollten sich natürlich die eigenen Vorstellungen vom perfekten Einfamilienhaus auch in den eigenen vier Wänden widerspiegeln.

Das Konzept des Hauses wurde den Bedürfnissen einer Familie mit Kindern bestmöglich angepasst, um Familienleben und Arbeit optimal verbinden zu können. Die noch kleinen Kinder bekamen im unteren, förmlich an die Sonnenseite des Hangs geschmiegten Geschoss ihre eigenen Reiche.

Sonnendurchflutet und spannend – Kinderzimmer mit Ausstrahlung

Die Zimmer von Yara, die zum Zeitpunkt der Fotoaufnahmen eineinhalb Jahre alt war, und der dreieinhalbjährigen Dana überzeugen durch die sehr freundliche, lichte Atmosphäre, die sich den großen, nach Süden orientierten Fenstern verdankt. Bei Bedarf blenden farbige Vorhänge aus Baumwollstoff die Sonne aus, so etwa beim Mittagsschlaf.

Durch die Fenstertüren gelangt man direkt in den Garten. Schutz vor Sonne und Wetter bietet der darüber verlaufende Balkon, der für die Kinderzimmer gleichzeitig ein schützendes Dach bildet. Wenn sie größer sind, können sich die beiden Mädchen bei schönem Wetter zum Anfertigen der Hausauf-

Ein fast genial zu nennendes innenarchitektonisches Element ist die rahmenlose Übereckverglasung zwischen Wohnbereich und Büro, die es unter anderem erlaubt, die Kinder im Auge zu behalten.

gaben, zum Lesen oder auch einfach zum Entspannen vors Zimmer setzen. Heute interessieren sie sich allerdings noch mehr für die zahlreichen Spiel- und Spaßecken, so Danas Hochbett aus Massivholz mit angedockter Rutsche und darunter liegender Spielhöhle. Aber auch ansonsten zeichnen sich die Kinderzimmer durch fantasievolle Gestaltung bis ins Detail aus. Farbenfrohe, auf das gelb-rot-blaue Farbkonzept von Danas Zimmer abgestimmte Sitzkissen machen das an der Wand zum Spielflur platzierte Kästchen zum Sitzplatz und zum gemütlichen Aufenthaltsbereich der Familienmitglieder. Auf praktischen Rollen gelagert, kann das Sitz- und Aufbewahrungsmöbel jederzeit an einen anderen Platz verschoben werden und macht so die Umgestaltung des Zimmers zum Kinderspiel. Unterhalb der Treppe vor den Kinderzimmern befindet sich ein großer, 14 Quadratmeter umfassender Spielflur, der intensiv als gemeinsamer Aufenthaltsplatz und als

Tobezone genutzt wird. Um größtmögliche Entfaltungsmöglichkeiten zu bieten und Verletzungsgefahr zu vermeiden, ist hier auf Mobiliar und andere Ausstattung komplett verzichtet worden.

Die Kinder im Blick

Das Eingangsgeschoss umfasst den offen ineinander übergehenden Wohn- und Essbereich sowie die nur durch eine Wandscheibe separierte Küche und auf der Westseite das Büro. Das wohl raffinierteste Detail ist die gläserne Wand zwischen Büro und Wohnbereich, die eine akustische Trennung und damit konzentriertes Arbeiten, aber gleichzeitig auch direkten Augenkontakt zu den Geschehnissen im Wohnzimmer, erlaubt. Das ist insbesondere hilfreich, solange die Kinder sich noch häufig im Wohnzimmer aufhalten und

Ein Rutsch-Hochbett und Platz zum Spielen darunter (Bett von Flexa).

Kinder-Sitzregal mit Blick in den Spielgang.

dort spielen. So ist es möglich, sie stets im Auge zu behalten. Ferner fühlt man sich bei der Arbeit am Schreibtisch ins Familienleben einbezogen.

Helle Räume für gute Laune

Der Wohn- und Essbereich bildet den eigentlichen Mittelpunkt des täglichen Lebens, an dem sich alle Familienmitglieder zusammenfinden. Große Fensterflächen nach Süden holen das Sonnenlicht herein, wobei aber ein Dachüberstand von einem Meter die Überhitzung der Innenräume verhindert. Unter dem Dach spannt sich entlang der Südseite ein wettergeschützter Balkon, der westseits in eine große Terrasse übergeht. Hier lassen sich bis zum Sonnenuntergang die nachmittäglichen und abendlichen Sonnenstrahlen genießen. Der rhythmisch spannende Wechsel von gläsernen und holz-

verschalten Fassadenbereichen wirkt nicht nur gestalterisch überzeugend, sondern schafft im Inneren auch Zonen mit unterschiedlicher Stimmung, das heißt eher exponierten und eher zurückgezogenen Bereichen. So kommt nie das Gefühl auf, auf einem „Präsentierteller" zu sitzen. Andererseits sorgt aber die planvolle Ausrichtung der Hauptfassaden nach Süden beziehungsweise Südwesten für eine sogar im Winter positive Energiebilanz!

Familien- und kindgerecht bis ins Detail

Der Alltag mit Kindern birgt zunächst einmal eine Reihe praktischer Probleme, die beim Bau des Hauses minutiös berücksichtigt wurden. Die Anfahrt erfolgt nördlich in einen Carport mit zweitem Abstellplatz, ein zugeordneter Abstellraum nimmt alle fahrbaren Untersätze auf – vom Kinderwa-

Kreative Idee: Wäschele ne „Marke Eigenbau" mit allen möglichen Kunst- und Erinnerungsstücken.

Perfekter Vorleseplatz am Gitterbettchen mit antikem Armlehnstuhl (Ende 19. Jahrhundert, Eiche massiv).

gen übers Bobbycar und Dreirad bis zum Fahrrad. Dass der Eingang ebenerdig betreten werden kann, ist nicht nur prima für kleine Kinder, sondern vereinfacht auch den Transport von Einkäufen und Gegenständen aller Art beträchtlich. Eine nahe dem Eingang untergebrachte Dusche erleichtert nötigenfalls die schnelle Reinigung von „Dreckspatzen", Schuhen und Kleidung. Das kleine Büro in Sicht- und Hörweite des Elternbüros eignet sich bestens für kreative Beschäftigung unter der elterlichen Obhut, bei Gelegenheit dürfen die Kinder aber natürl ch auch einmal an einem freien Schreibtisch im Elternbüro malen oder basteln.

Variabler Grundriss für alle Lebenssituationen

Um auf die veränderlichen Familien- und Berufsverhältnisse vorbereitet zu sein und dann keine großen Umbaumaßnahmen durchführen zu müssen, entwarfen die Ehepartner insgesamt vier Grundrissvarianten, die sich aufgrund des weitgehend offenen und reversiblen Grundrisses sowie angepasster Erschließungslösungen und entsprechend vorbereiteter Haustechnik mit geringem Aufwand ineinander überführen lassen. Denkbar wäre eine Umnutzung des Elternschlafzimmers im Untergeschoss zu einem dritten Kinderzimmer und die Verkleinerung des Büros zugunsten eines neuen Schlafzimmers im Untergeschoss. Als weitere Varianten kämen ein vergrößertes Büro mit außen liegender Erschließung, die Konvertierung des Büros zur Einliegerwohnung oder die Nutzung des Erdgeschosses als barrierefreie Einheit (nach dem Auszug

Dana und Yara halten sich immer liebend gern im Hochbett auf.

der Kinder) bei Abtrennung des Untergeschosses als separater Wohnung in Betracht. Mitten in der fränkischen Rhön entstand somit ein wunderschönes, planerisch perfektes Familienhaus, bei dem nicht nur die Belange aller Familienmitglieder, sondern auch alle aktuellen und künftigen Lebenssituationen bis ins Detail bedacht und umgesetzt wurden.

Wohnfläche: ca. 162 m², (davon zwei Kinderzimmer mit je ca. 12 m² zuzüglich Spielflur mit ca. 12 m²)

Bürofläche: ca. 62 m²

Jahresheizwärmebedarf: ca. 60 kWh/m²

Gesamtkosten: ca. 288 000 Euro

ERDGESCHOSS

Das Wichtigste in Kürze:

Planer: Architektin Petra Wiesner-Molitor und Bauingenieur Marcel Monitor, Bad Brückenau

Standort: Bad Brückenau/Unterfranken

Bauaufgabe: Neubau für eine Familie mit Kindern

Bauzeitraum: 2004 (4 Monate)

Der den Kinderzimmern zugeordnete Spielflur im unteren Geschoss wird inter siv benutzt – unter anderem zum Durchkrabbeln des Spiel-Schlauchs (JAKO-O).

Brett- und Kartenspiele finden meist am Esstisch statt. Der Wohnbereich bietet aber auch reichlich Platz fürs Verstecken (siehe unten).

SCHNITT

UNTERGESCHOSS

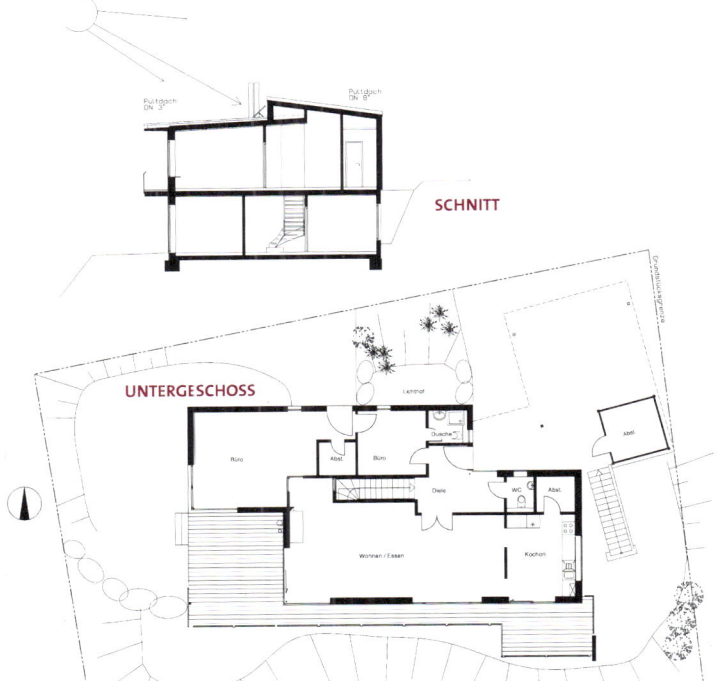

Offenes Haus
mit Verbindungssteg

Ein Wohngebäude mit außergewöhnlicher Innenarchitektur und kleine Kinder – geht das zusammen? Das Einfamilienhaus der Familie Fischer liefert den Beweis, dass dies sogar bestens harmonieren kann, wenn die Lebenswelten optimal verbunden und auf die Bedürfnisse von Groß und Klein abgestimmt sind.

Eild links: Tolle Spielstätte: Jannes hält sich gerne auf der Erücke auf, die den Koch- und Essbereich überspannt.

Blick von der Kochzone bis zum abtrennbaren Wohnbereich. Treppe und Brücke wirken in starkem Maß raumbildend (Planung und Ausführung: Dieter Fischer/stahlfisch.de).

Vater und Sohn auf der Treppe zwischen Wohn- und Essbereich. Der warme Holz-Fußboden ist gerade für Kinder ideal.

Beim Betreten des Grundstücks fällt der Blick zunächst auf den straßenseitig positionierten, holzverschalten Büroanbau, dann auf die verglaste Eingangsschleuse und schließlich auf das eigentliche Hauptgebäude, das durch das Foyer mit dem Arbeitsbereich verbunden ist. Im Inneren zeichnet eine zentrale Sicht- und Wegeachse vom Büro bis zum Wohnbereich dieses räumliche Kontinuum nach.

Den Grundriss des Wohnhauses prägt eine zentrale Ellipse, die sozusagen der rechteckigen Grundfläche eingeschrieben ist. Die Erd- und Obergeschoss verbindende Treppe zeichnet zusammen mit einem Verbindungssteg auf der oberen Ebene die gekrümmte Form nach.

Eine Brücke mitten im Haus

Was es sonst nur auf Abenteuerspielplätzen oder in Erlebnisparks gibt, bekamen Julie und Jannes frei Haus geliefert: Ein kühn geplanter Steg in Stahlkonstruktion überspannt den Luftraum über dem Koch- und Essbereich und verbindet den westseits untergebrachten Kindertrakt mit dem südöstlich gelegenen Elternschlafzimmer. Wenn die Kinder einmal nicht einschlafen können, führt also ein direkter Weg zum Ziel!

Die räumliche Trennung von Eltern- und Kinderbereich ist andererseits auch schon auf die Zukunft ausgerichtet, denn wenn die Kinder größer werden, sind sie ebenso wie die Eltern für eine gewisse Privatsphäre dankbar. Durch Geländer und zusätzliche Sicherheitsbespannungen optimal gegen Überklettern geschützt, dient der Steg den Kindern heute als be-

Blick auf das Haus mit Büro (rechts) und Wohnhaus, die durch ein verglastes Entree verbunden sind.

Julies idyllischer Wickelplatz. An der Wand eine Wärmelampe.

liebter Spiel- und Bewegungsbereich, wo sie mit ihren Autos spielen oder Kunstwerke aus Bauklötzen errichten. Ein warmer Massivholzboden bildet die sehr angenehme Grundlage für lange Spielmarathons.

Gesamtansicht des Hauses von Südwesten.

Kinderzimmer mit viel Ausstrahlung

Wenn die Kinder genug im gemeinsamen Erlebnisbereich gespielt haben und ihnen der Sinn wieder mehr nach ihren „eigenen vier Wänden" steht, können sie sich direkt in ihre Reiche zurückziehen. Wie im gesamten Haus haben die Fischers auch in den Kinderzimmern Wert auf die Gestaltung der Details gelegt; hier finden sich keine ausrangierten Schrankwände, sondern nur individuell ausgewählte Möbelstücke, die den Bedürfnissen von kleinen Kindern entsprechen.

In Julies Zimmer fällt schon der Wickelplatz ins Auge, der nicht einfach nur funktional bestimmt, sondern sehr liebevoll gestaltet ist: Die Platzierung in einem Eck gibt ebenso Geborgenheit wie die Gestaltung mit Stoffen und farbenfrohen Accessoires.

Gemütliches Sitz-Regal und Wickelplatz in Julies Zimmer.

Eine freundliche Blume lächelt dem Wickelkind entgegen, Stofftiere, Bienen-Mobile und eine Biene Maja vervollständigen das kleine Idyll. Der Wärmestrahler – für Babys unabdingbar – macht das Wickeln auch für etwas ältere Kleinkinder wie in Julies Alter angenehm, eine Leuchtkette bringt die gewünschte Lichtstimmung.

Darüber hinaus macht ein direkt nebenan vorhandenes großes Fenster den Wickelplatz angenehm hell, wobei eine innen angebrachte Jalousette unangenehme Blendeffekte verhindert und gleichzeitig das Einschlafen erleichtert. Damit sich bei Bedarf auch mehrere Familienmitglieder in Julies Zimmer aufhalten können, ist ein langes Schränkchen am Boden mittels weicher, bunter Sitzkissen als Bank gestaltet. Während die kleinere Schwester noch mit relativ wenig Stauraum auskommt, bedarf die umfangreiche Lego- und Playmobilsamm-

lung des fünfjährigen Jannes schon eines ausgeklügelten Ordnungssystems. Alle Teile bestehen aus Holz und besitzen attraktive, naturfarbene Holzoberflächen, ergänzt durch farbige Blenden. Ein geschwungener Aufbewahrungstresen schluckt eine Menge Spielzeug, fungiert gleichzeitig aber als beliebter Rückzugsplatz zum Verstecken, zum gemütlichen Legospielen oder zum Schmökern. Dahinter an der Wand befindet sich eine Bücher- und Schubladeneinheit mit reichlich Raum für Bausteine & Co. Das Bett wird am Kopfende durch ein hohes Regal zur Tür hin abgegrenzt und „geschützt".

Trotz der großzügigen Ausstattung mit Mobiliar bleibt in der Mitte des Zimmers noch reichlich Freiraum für gemeinsame Spiele. Gekonnt wird der vorherrschende warme Holzton durch blaue Akzente und vor allem durch beruhigendes Grün – beispielsweise an den Vorhängen – aufgelockert.

Julies „Schmuckkästchen" (HABA) und Frisierplatz.

Porträt mit drei Familienmitgliedern auf der Brücke.

Miteinander wohnen, je nach Stimmung –
offen und licht oder behütet

Die Familie kommt oft und gern zum gemeinsamen Essen am Tisch im Erdgeschoss zusammen, der der großen, süd-orientierten Glasfassade zugeordnet ist. Ess- und Kochbereich sind die hellsten Räume des Hauses, wogegen der Wohnbereich auf der Westseite bewusst als Rückzugsraum konzipiert ist.

Bild rechts: Durchblick vom Wohnbereich auf die offene Zone mit den Funktionen Essen, Kochen, Ruheraum und Flur.

Viel Holz mit Grün und Blau verleihen Jannes'
Zimmer eine wohltuend ruhige Atmosphäre. Das
ebenso wertige wie praktische Mobiliar ermöglicht
es, viele Bücher und Spielsachen Platz sparend
unterzubringen (Wehrfritz, JAKO-O).

ERDGESCHOSS

OBERGESCHOSS

Ergänzt wird dies durch eine Stufe tiefer gelegene Sitzecke und der Möglichkeit zur Separierung mittels Schiebetüren. So kann bei Bedarf absolute Zurückgezogenheit und Ruhe hergestellt werden. Das genießen die Kinder ebenso wie die Eltern!

Erlebniswohnen mit perfekten Kinderräumen und gemeinsamen Bereichen, die alles fürs gemeinsame Essen, für Unterhaltungen und fürs Entspannen bieten – perfekter kann ein Familienhaus nicht sein.

Das Wichtigste in Kürze:

Architekt: Dieter Fischer, Staffelbach bei Bamberg

Standort: bei Bamberg / Oberfranken

Bauaufgabe: Neubau für eine Familie mit zwei Kindern und Büro

Bauzeitraum: 2002–2003 (10 Monate)

Wohnfläche: ca. 190 m² (davon zwei Kinderzimmer mit je ca. 13 m²) zuzüglich ca. 96 m² Terrassen

Bürofläche: ca. 22 m²

Jahresheizwärmebedarf: ca. 32 kWh/m²

Gesamtbaukosten: ca. 247 000 Euro

Eine Familienwohnung
wie aus dem Bilderbuch

Oft stellt sich jungen Familien die Frage, wie sie bestehende Wohnungen attraktiv umgestalten und den vorhandenen Platz optimal ausnutzen können.

Eine besonders kindgerechte und vom Raumerlebnis her eindrucksvolle Umbauvariante mit pfiffigen Stauraumlösungen zeigt das folgende Beispiel.

Bild rechts: Prima Idee: Der vom Bauherrn selbst konstruierte, frei stehende Küchenblock bietet den Kindern ein besonderes „Zuckerl": Die MDF-Platten der Seiten- und Rückwände wurden in Eigenleistung mit schwarzem Tafellack lackiert und lassen sich nun wie eine Schultafel bemalen und verschönern. Alternativ kann am eigenen Herd gekocht werden (Kinderküche von elka). Edelstahl-Fronten und Arbeitsplatte der Küche sowie der raumhohe Vorratsschrank sind vom Schreiner gefertigt worden.

Kinder- und Erwachsenen-Welten liegen im offenen Wohnbereich nah beieinander: Blick vom Kindertisch zum gemeinsamen Esstisch (Tisch von Cassina, Stühle von Thonet; Kinderstühle von Fritz Hansen/Thonet/Ikea). Rechts hinten die Glasbaustein-Wand, hinter der sich das Bad befindet.

Lillys Zimmer ist durch den bis auf eine Höhe von 1,50 Metern reichenden rosafarbenen Anstrich geprägt, zu dem das weiße Bett bestens passt.

Als die Messerschmidts an den Erwerb einer Immobilie gingen, hatten sie zunächst eine Reihe von Vorüberlegungen anzustellen. Die Ehepartner waren sich einig, im Stadtgebiet Frankfurts mit guter Verkehrsanbindung und Infrastruktur bleiben zu wollen. Ein eigener Garten erschien nicht vordringlich, es musste aber unbedingt genügend Raum für eine Familie mit zwei kleinen Kindern zur Verfügung stehen.

Man fand im Nordend schließlich zwei Wohnungen in einem Mehrfamilienhaus aus der Gründerzeit (Baujahr 1890), die jede für sich zu klein waren, sich aber zu einer großen Einheit auf einer Etage verbinden ließen.

Aus zwei mal klein mach groß

Der notwendige Umbau war insofern unproblematisch zu planen, da Heiko Messerschmidt selbst Architekt ist und auch bereits anderweitig einschlägige Erfahrungen gesammelt hatte. Im Vordergrund stand die Aufgabe, aus einer Fläche von zusammen genommen etwa 98 Quadratmetern das Optimum an Wohnqualität für zwei Erwachsene und zwei Kinder herauszuholen. Neben einem separaten Elternschlafzimmer sollten von Anfang an zwei Kinderzimmer entstehen, Übergangslösungen mit zunächst einem gemeinsamen Zimmer für die Kleinsten und späterem neuerlichem Umbaubedarf kamen nicht in Frage. Durch die Schaffung dreier separater Räume waren die verbleibenden Raumreserven natürlich etwas eingeschränkt; um den übrigen Funktionen dennoch die gewünschte Großzügigkeit zu verleihen, entschied

Lucas erkundet gerne alle Bereiche der Wohnung: Links auf einem knallgelben Sitzsack aus den Seventies (vor sonderangefertigtem Regal vom Schreiner), rechts in der Küche.

man sich für ein offenes innenarchitektonisches Konzept, das Wohnen, Essen und Kochen weitgehend ohne Sichtbarrieren in einem einzigen Raum vereinigt. So kam es wie gewünscht zu einer klaren Teilung zwischen privaten Zimmern fürs Schlafen, Spielen und Entspannen und einem großen gemeinsamen Bereich mit Erlebnischarakter. Im Bereich auf der Straßenseite entfernte man sämtliche Innenwände und erhielt so einen langen Raum mit einer beachtlichen Länge von etwa elf Metern!

Da in den 1980er Jahren bereits eine Entkernung des Bestands stattgefunden hatte, waren – leider – keine historischen Bauteile mehr vorhanden, die man in die Planung hätte einbeziehen können. Sitzecke und Essplatz sind um Möblierung für die beiden Kleinen in Gestalt eines Mini-Esstischs und eines höchst beliebten Sitz- und Spielsacks ergänzt. Auch an-

sonsten dürfen sich die beiden Kinder nahezu jederzeit im gemeinsamen Wohnbereich aufhalten, solange noch ausreichend Bewegungsraum verbleibt. Als besonderer Clou ist am Küchenblock eine mit Tafellack behandelte Holzplatte befestigt, an der die Kleinen nach Herzenslust Kreidezeichnungen und -gemälde anbringen können.

Kinderzimmer mit individuellem Charme

Die „Rückzugsräume" sind auf der Gartenseite angeordnet, was ihren ruhigen Charakter unterstreicht. Jeweils in eigenen, freundlichen Farben – rosa und blau – gehalten, finden sich die Kinderzimmer heute an der Stelle der beiden früheren Küchen. Ab einer kinderzimmergerechten, auf die Maße der Kleinen abgestimmten Höhe von etwa 1,50 Metern wurden die Wände – ebenso wie die Decken – weiß gestrichen, um

Wellness-Erlebnisse für Lilly und die ganze Familie bietet das völlig neu eingebaute Badezimmer, das durch eine Glasbaustein-Wand vom Essbereich getrennt ist (Wanne Kaldewei, Armaturen Vola, Glasbausteine Solaris). Die Holzeinbauten aus Sperrholz wurden in Eigenleistung mit Bootslack gestrichen. Der ökologische Bodenbelag aus Linoleum ist absolut unempfindlich gegen Feuchtigkeit.

Einblicke in Lillys Zimmer.

so die hohen Zimmer visuell aufzuweiten. Nischen für Einbauregale und für Einbauschränke sind sehr praktische Aufbewahrungsmöglichkeiten, die jeden Zentimeter nutzen. Für später, wenn die Kinder größer sind, ist sowohl in Lillys als auch in Lucas' Zimmer der Einbau einer Empore zum Schlafen vorgesehen, um ein zusätzliches räumliches Erlebnis zu schaffen, zusätzlichen Platz zu gewinnen und den Zimmern den Eindruck von mehr Großzügigkeit zu verleihen. Heute sind die Vierjährige und der Einjährige mit dem vorhandenen Platzangebot allerdings noch vollauf zufrieden.

Ein Familienbad mit Pfiff und Raumsparideen

An der Stelle des innen liegenden Bads entstand ein völlig neuer „Familien-Wellnessbereich" auf nach wie vor nur neun Quadratmetern, aber mit gänzlich neuer Ausstrahlung. Eine

vormals noch vorhandene Duschkabine wurde ersatzlos entfernt, um dem Bad die Enge zu nehmen. Die mit Massivholz verkleidete, neu eingebaute Wanne ist auf ein Podest gesetzt worden und besitzt darunter noch viel Stauraum für Badutensilien aller Art, die so praktisch aus dem Weg geräumt und den Blicken entzogen sind. So steht nichts Überflüssiges herum, das den Raumeindruck beeinträchtigen könnte. Zusätzliche Ablageflächen stehen in Wandnischen zur Verfügung.

Das Bad ist schnell zu einem Lieblingsplatz der Kinder avanciert, die sich hier gerne stundenlang tummeln. Die vor dem Umbau vorhandene Trennwand zwischen Bad und heutigem Essbereich wurde bis auf Höhe der Wanne entfernt und durch halbtransparente Glasbausteine ersetzt. Diese dienen als Spritzschutz, vermeiden direkte Einblicke und lassen doch das Licht durch.

Auch Lucas' Zimmer wirkt durch seine
geschmackvolle Farbgestaltung und den
Kontrast zum hellen Holzbett.
Der Kinderstuhl ist von Fritz Hansen.

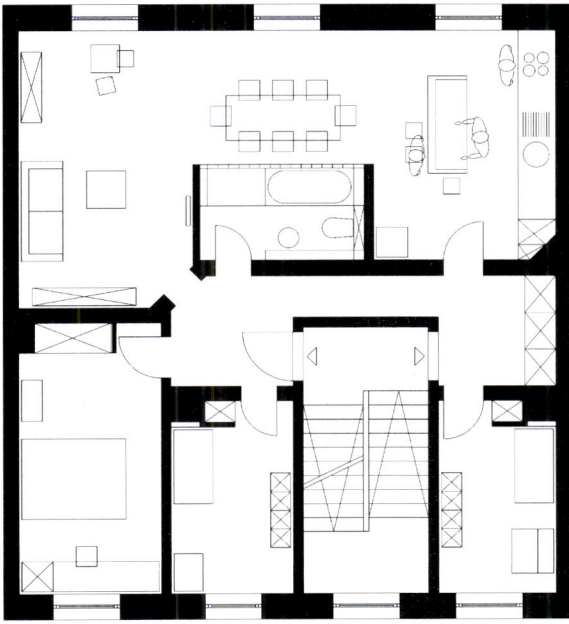

GRUNDRISS NACH UMBAU

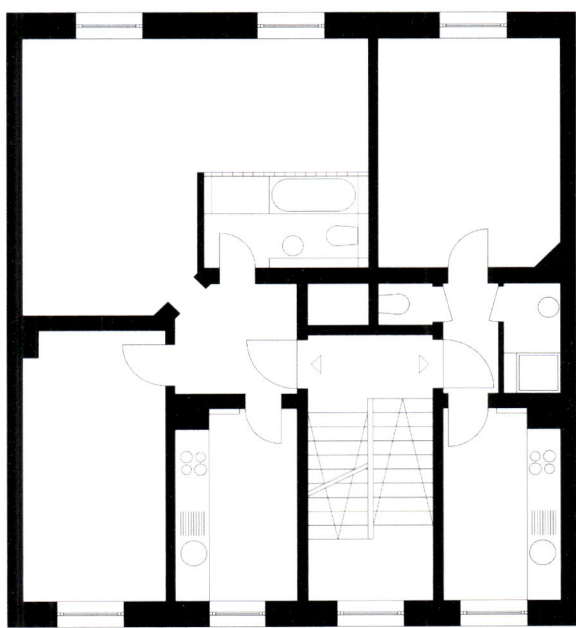

GRUNDRISS VOR UMBAU

Ein raumhoher Spiegel lässt das Badezimmer im Eindruck größer erscheinen. Aus dem räumlichen Minimalprogramm für eine vierköpfige Familie entstand hier eine zusammengelegte Wohnung mit sehr großzügigem Raumeindruck, effizienter Platzausnutzung und reichlich Bewegungsraum für die Kinder, deren „Reiche" später sogar noch nach oben erweitert werden können.

Das Wichtigste in Kürze:

Architekt: Heiko Messerschmidt, Frankfurt

Standort: Frankfurt

Bauaufgabe: Umbau einer Wohnung für eine Familie mit zwei Kindern

Bauzeitraum: 2006 (2 Monate)

Wohnfläche: ca. 98 m^2
(davon zwei Kinderzimmer mit je ca. 9 m^2)

Gesamtkosten des Umbaus: ca. 40 000 Euro brutto

Katharina und Hannah in luftiger Höhe.

Familien-Wohnen in der Landschaft

Kinder und Erwachsene brauchen zum Wohlfühlen eine anregende Wohnatmosphäre, viel Helligkeit und ein schönes Umfeld. Das Haus der Familie Kobleder besitzt all das und lässt somit praktisch keine Wünsche offen.

Gesamtansicht des Hauses von der Gartenseite. Zwischen den Gebäude-teilen entstand ein idyllischer Innenhof.

Ansicht des Hauses auf der Eingangsseite.

Gute Wohnarchitektur basiert immer auf einem durch-dachten Planungskonzept und letztlich auf einer genauen Analyse des Umfeldes. Im Fall der Familie Kobleder befand sich der Bauplatz in einer wunderschönen, naturnahen Lage am äußersten Dorfrand mit Blick auf einen Bachtobel und einen größeren Laubholzbestand.

Der beauftragte Architekt Walter Engl richtete seinen Ent-wurf so aus, dass das Wohngebäude zusammen mit der süd-westlichen Büroerweiterung und seinen Nebengebäuden – Carport und Geräteräume – das Grundstück zur Straße hin abgrenzt und somit vor direkten Einblicken schützt, den wunderbaren Blick in die Landschaft aber frei lässt.

Naturnähe mit höchstem Wohnwert

Haupt- und Nebengebäude sind winkelartig angeordnet und bilden so einen geschützten Innenhof, in dem sich alle Familienmitglieder auf großzügigen Holzdecks zum Kaffee treffen oder auf Liegen entspannen können. Westlich unter-halb befinden sich Schaukel- und Klettergestell für die bei-den kleinen Töchter Katharina und Hannah.

Im Sommer steht auch ein Außenpool zur Verfügung, der den bebauten Bereich nach Westen abschließt und beim Schwimmen einen weiten Ausblick in die Landschaft erlaubt.

Viele Lieblingsplätze: Katharina und Hannah im Freien und auf der Treppe zum Obergeschoss.

Ein Sonnenhaus fürs Wohlfühlen mit ausgeklügeltem Energiekonzept

Das in Massivbauweise errichtete Wohngebäude ist mit seiner Hauptfassade nach Südwesten orientiert, um die Sonne bestmöglich für die Belichtung und auch für die Erwärmung der Wohn- und Kinderräume nutzen zu können. Zudem werden so die Kollektoren für die Brauchwassererwärmung optimal mit Energie versorgt; im Übrigen holt eine Wärmepumpe mit Tiefensonde die benötigte Energie für die Gebäudeheizung aus dem Erdreich. Für wirksamen Überhitzungsschutz sorgen auf der unteren Wohnebene außen montierte Schiebeläden, im Obergeschoss hält der Überstand des Pultdachs die sommerliche Mittagssonne fern. In der kälteren Jahreszeit erreichen die dann tiefer stehenden Strahlen der Sonne aber auch den hintersten Winkel der Räume. Damit erzielt das perfekte Familienheim zusammen mit der sehr gut gedämmten Hülle ein Höchstmaß an passiven Wärmegewinnen; das heißt, die Sonnenstrahlen sorgen so kostenlos und ohne Aufwand für die Beheizung der Wohnräume. Die nach Nordosten und Südosten orientierten Bereiche des Hauses beschränken sich auf die nötigsten Fassadenöffnungen und vermeiden so unnötige Wärmeverluste auf den „kalten" Seiten. Folgerichtig sind hier auch nur Räume mit untergeordneten Funktionen wie Treppe, Flur, WC, Hauswirtschafts- und Vorratsraum untergebracht.

Gemeinsames Traumreich für Groß und Klein

Das Erdgeschoss ist in seinem westlichen Teil als offener Raumzusammenhang ausgeführt, der den Eindruck von Großzügigkeit und Weite vermittelt. Nur eine Wandscheibe

Das Kinderzimmer bietet nicht nur hinsichtlich der Fläche, sondern auch der durch das Pultdach ermöglichten Deckenhöhen ein außergewöhnlich großzügiges Wohnempfinden. Große Fenster ermöglichen eine optimale Belichtung, der Massivholzboden erdet den Raum.

Der Bastel- und Maltisch, der von den Kindern oder auch der Familie gerne genutzt wird, ist dem Essbereich zugeordnet und somit perfekt ins tägliche Leben integriert.

Blick über den Essbereich zur Küche. Der Schieferboden speichert die eingestrahlte Wärme und gibt sie wieder an den Raum ab.

trennt den eher belebten Koch- und Essbereich vom Wohnraum. Dieser ist – dem abfallenden Gelände folgend – gegenüber dem restlichen Erdgeschoss tiefer situiert und ermöglicht den vollen Genuss der Aussicht.

Bei den Kindern ist besonders das beschützte Eck neben der Essecke mit bestem Ausblick nach Süden und Westen beliebt, wo sie gerne zusammen mit Freundinnen oder auch mit den Eltern spielen und Spaß haben. In einem ruhigen Eck postiert, nimmt der Kindertisch mit zwei Bänken nicht viel Platz weg und kann immer stehen bleiben. So fühlen sich die Kinder stets in das Familienleben einbezogen.

Warme Wohnatmosphäre für das Kinderzimmer

Ums Eck geht es zur Treppe, die Katharina und Hannah gerne als Sitz- und Spielplatz nutzen, und hinauf ins Obergeschoss zum gemeinsamen Kinderzimmer. Aufgrund seiner Größe von fast 18 Quadratmetern eignet sich der Raum, der ursprünglich eigentlich nur für ein Kind bestimmt war, bestens für die beiden Schwestern.

Zusätzliche Raumreserven mobilisiert das Stockbett. Und falls einmal „alle Stricke reißen", kann aufgrund der großen Raumhöhe und des nach Südwesten ansteigenden Pultdachs jederzeit noch eine Empore zum Schlafen eingezogen werden. Für eine optimale Belichtung sorgt die Ausrichtung des Kinderzimmers zur Sonnenseite nach Südwesten. Große Fenster machen das Kinderzimmer außergewöhnlich hell.

Katharina und Hannah fühlen sich in ihrem gemeinsamen Zimmer pudelwohl.

Das Wichtigste in Kürze:

Architekt: Walter Engl, Aurolzmünster

Standort: bei Ried/Oberösterreich

Bauaufgabe: Neubau für eine Familie mit zwei Kindern

Bauzeitraum: 2000 (8 Monate)

Wohnnutzfläche: ca. 210 m² (davon ein Kinderzimmer mit ca. 16 m²)

Jahresheizwärmebedarf: ca. 45 kWh/m²

Gesamtkosten: keine Angaben

Ein kleiner Maltisch direkt am Fenster nutzt die Belichtungssituation, um die kindliche Kreativität zu fördern. Wohnlichkeit im Kinderzimmer entsteht auch durch die offen gelassenen Dachsparren und vor allem durch den Bodenbelag aus massiven Fichtendielen. Aus massivem Holz gefertigtes Mobiliar unterstreicht die warme Atmosphäre. Bei den Wohntextilien entschied sich die Mama für eine Mischung aus Rosa- und Blautönen.

In naturnaher Umgebung entstand hier ein wirklich überzeugendes Familienhaus, in dem sich alle ausgesprochen wohl fühlen. Eine ebenso geradlinige wie wohnliche Gestaltung, die perfekte Ausrichtung zur Sonne und liebevoll gestaltete Kinderbereiche sind die „Zutaten" dieses ausgesprochen gelungenen Wohnrezepts.

Massivholz-Mobiliar und -Boden harmonieren bestens mit dem blau-weißen, weichen Baumwollteppich.

Konzentration auf „Mensch-ärgere-dich-nicht".

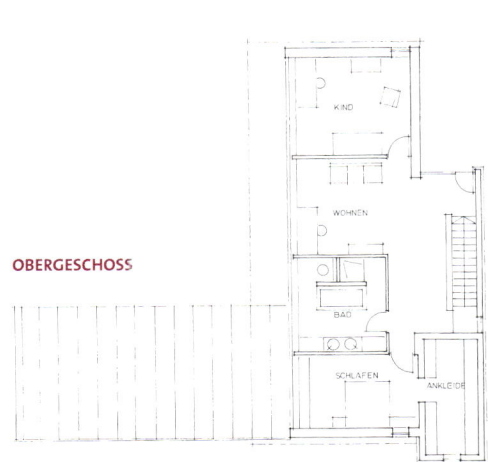

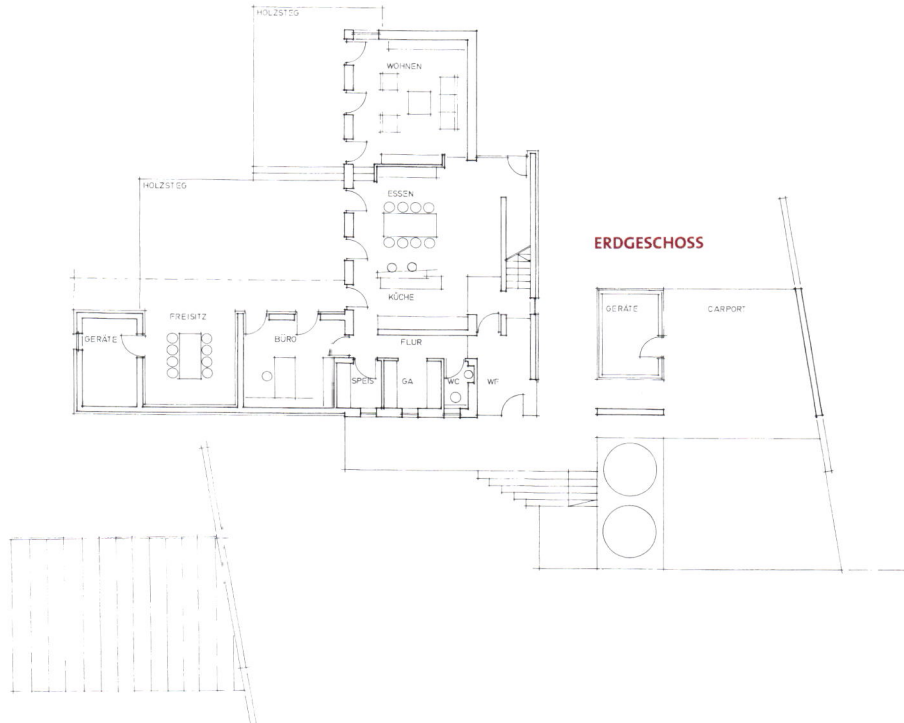

OBERGESCHOSS

ERDGESCHOSS

Klarheit im Äußeren,
Familien-Wohnlichkeit im Inneren

Eine gute Ausrichtung des Hauses ist das Einmaleins perfekten Familienwohnens – vor allem zur optimalen Besonnung von Haus und Garten, aber auch zum Ausblenden eines nicht selten vorhandenen unschönen Umfeldes. Dieses von Walter Engl geplante Beispiel zeigt, wie es geht!

Bild rechts: Blick durch Emmas Zimmer zum Spielflur.

Gesamtansicht des Hauses vom Garten. Eine umlaufende Holzterrasse bietet auch bei nasser Wiese Gelegenheit zum Rennen und Hüpfen.

Blick zum Hauseingang mit dem imposanten Zwischendach, das gleichzeitig Unterstand für Autos ist.

Ein geradezu perfekt inszenierter Eingangsbereich empfängt den Gast bei der Annäherung auf das Haus der Familie Großbötzl. Das von einer schützenden, hohen Hecke umgürtete Grundstück ist an der Stelle der Einfahrt durchbrochen und gibt den Blick frei auf ein ebenso einladendes wie architektonisch beeindruckendes Gebäude: Massiv errichtet, sind der südöstlich positionierte Geräteraum und das Wohngebäude durch ein lang gestrecktes, auf Stahlträgern ruhendes Dach verbunden, das Platz für einen Carport mit mehreren Autos bietet.

Zusammen mit dem zweiten Geräteraum und dem Büro im Südtrakt des Hauses wurde so nicht nur eindrucksvolle Architektur, sondern auch eine wirkungsvolle Abschirmung zu einem östlich unterhalb der Anhöhe gelegenen Gewerbegebiet geschaffen.

Ein Garten mit Innenhof-Charakter

Wie sich das Haus zur unattraktiven Seite abschottet, so öffnet es sich zum Garten. Die Winkelform des Hauses lässt im Westen eine wunderschöne Innenhofsituation entstehen, die durch die gekonnte Orientierung im Raum im Grunde das ganze Jahr über bestmöglich von der Sonne beschienen ist. Ein um das Gebäude laufender Holzsteg wird im Bereich des Innenhofs zur Sonnenterrasse.

Die kleine Tochter Emma erhielt im Garten ein Schaukel- und Klettergerüst mit Ausblick sowie einen Sandkasten; Kräuterbeete und -töpfe dienen im Sommer der Grundversorgung der Küche mit frischen Zutaten. Daneben bleibt noch genügend Platz, um im flachen Bereich der Wiese Ball oder Fangen zu spielen.

Der Garten bietet viel Platz zum Spielen und Toben. Eine Hecke sorgt für die notwendige Privatheit.

Der Essplatz wird von der Wintersonne wunderschön belichtet (links), der Kaufladen befindet sich in einem etwas zurückgezogenen Eck beim Durchgang zum Wohnbereich.

Familienwohnen im Einraumkonzept

Während ostseits Zimmer mit untergeordneten Funktionen und geringem Lichtbedarf hinsichtlich des Energiehaushalts die so genannte Pufferzone bilden, zeigt sich der eigentliche Lebensbereich als ein durchgehender Raum ohne trennende Wände oder Türen. Mit großen Fenstern nach Südwesten geöffnet, profitieren Wohn-, Ess- und Kochbereich gleichermaßen von der hierdurch optimalen Belichtungssituation.

Eine dreiseitige Innenwand grenzt die Küche zum Flur hin ab und bietet dort selbst Platz für einen Einbauschrank, auf der Seite zum Wohnbereich für eine Küchenzeile. Auf Innentüren wird in diesem gesamten Bereich komplett verzichtet, wodurch das Erdgeschoss noch einmal offener und einladender wirkt. Eine Spielecke zwischen Essen und Wohnen sorgt dafür,

dass sich auch die Tochter hier unten nicht langweilt. Ist sie einmal nicht da, gibt es von ihr immer noch sehr geschmackvolle schwarz-weiße Kinderfotos, die an der Wand des Wohnraums platziert wurden.

Ein taghelles Kinderzimmer mit viel Ausstrahlung

Das Reich der kleinen Emma ist im Obergeschoss untergebracht und besitzt ein großes Fenster nach Südwesten, das bei Sonnenschein eine wunderbare Wohnstimmung erzeugt.

Aber selbst an bedeckten oder regnerischen Tagen ist es in Emmas Zimmer so hell, dass Kunstlicht erst bei Einbruch der Dunkelheit eingeschaltet werden muss. Auch ansonsten bietet der Raum alles, was man sich für sein Kinderreich nur wünschen kann. Unter dem Platz sparenden Hochbett hat

Der von der Treppenbrüstung eingerahmte, breite Spielflur im Obergeschoss mit dem weichen Teppich und dem warmen Holzboden ist ein wahres Paradies für kleine Kinder.

Unter dem Hochbett ist eine Kuschel-Höhle zum Zurückziehen entstanden.

sich Emma mittels einer Decke ein beschütztes Lager eingerichtet, in dem sie gerne sowohl alleine als auch mit Freundinnen spielt. Ein besonderes Prunkstück des Kinderzimmers ist eine große gestrichene Magnetwand, die die Hälfte der östlichen Wand einnimmt. Hier können nach Herzenslust Namen, Zahlenfolgen oder Muster gelegt werden. Auf einer traditionellen Schiefertafel malt Emma leidenschaftlich gerne ihre Kreidebilder.

Ganz nebenbei ergibt sich so auf spielerische Weise der Umgang mit kreativen Lernthemen. Neben der Tafel befindet sich ein Kaufladen, nahe dem Fenster baut Emma an ihrem Kletterturm. Wenn eine Freundin da ist, spielt man gerne Verstecken in der „Bett-Höhle".

Zusätzlicher Spielraum im Flur

Eine perfekte Ergänzung des Spielraums im Kinderzimmer ist der große Spielflur, auf dem sich all das aufbauen lässt, was im Zimmer zu viel Platz beansprucht. Alternativ kann man hier auch bestens herumtollen, ohne dass es stört oder dass man sich an etwas stößt. Ein farbenfroher Teppich sorgt für die weiche Grundlage.

Eindeutig in seiner Architektur, handelt es sich hier um ein im besten Sinne offenes Haus, in dem die einzelnen Bereiche fließend ineinander übergehen und für alle Familienmitglieder gleichermaßen etwas geboten ist. Sonnenverwöhnt bis in die hinterste Ecke, ist ganzjähriges Wohlfühlen hier sozusagen im Preis inbegriffen.

Impressionen aus Emmas Zimmer. Der Clou ist die große Magnetwand, an der sich nach Herzenslust Wörter und Sätze kombinieren lassen. Lieblings-Bilder und -Poster haften hier, ohne beim Abnehmen Spuren zu hinterlassen.

Über einem Bord neben dem Essbereich ist die kleine Emma im Foto stets präsent.

Das Wichtigste in Kürze:

Architekt: Walter Engl, Aurolzmünster

Standort: Ried/Oberösterreich

Bauaufgabe: Neubau für eine Familie mit Kind

Bauzeitraum: 2003–2004 (5 Monate)

Wohnnutzfläche: ca. 213 m² (davon ein Kinderzimmer mit ca. 16 m²)

Jahresheizwärmebedarf: ca. 48 kWh/m²

Gesamtkosten: keine Angaben

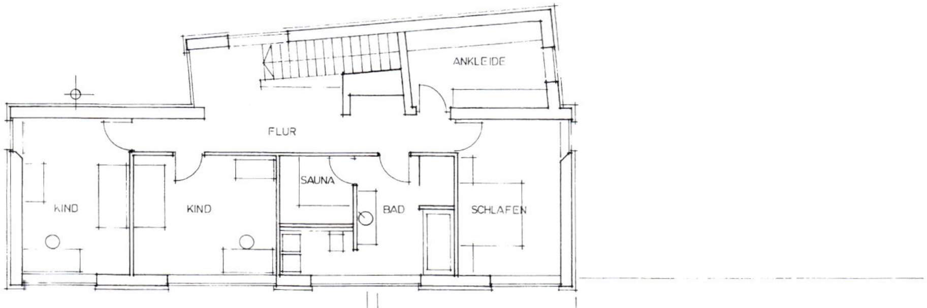

OBERGESCHOSS

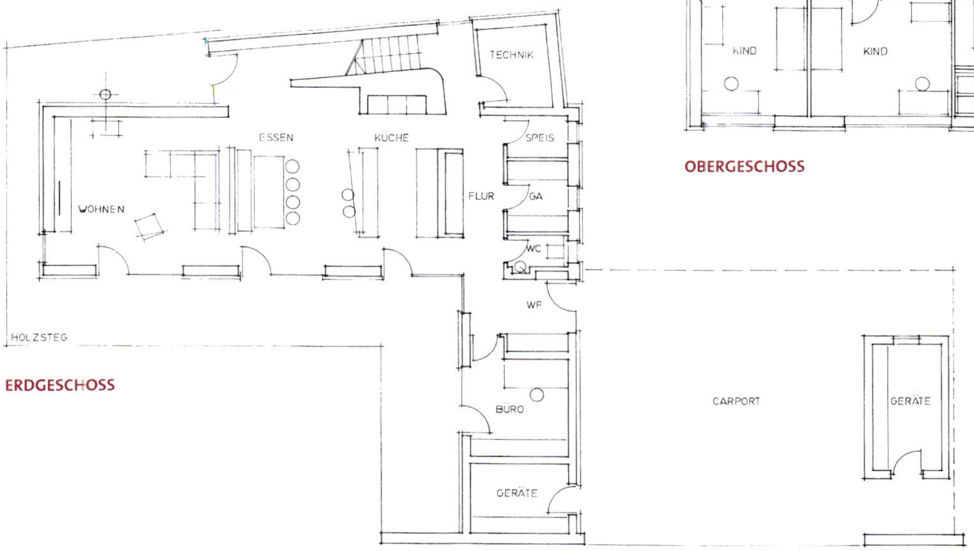

ANKLEIDE

FLUR

KIND KIND SAUNA BAD SCHLAFEN

ERDGESCHOSS

TECHNIK

ESSEN KÜCHE SPEIS

WOHNEN FLUR GA

WC

HOLZSTEG

WF

BÜRO

GERÄTE

CARPORT GERÄTE

Neue Familien-Großzügigkeit
auf alter Hofstelle

In Familien mit kleinen Kindern ist es notwendig und gewünscht, nahe beisammen zu wohnen. Wenn die Kinder dann aber größer werden, sind sie und auch die Eltern meist sehr dankbar, wenn unter dem gemeinsamen Dach ein etwas separierter Bereich zur Verfügung steht. Dieses Beispiel verbindet tolle Lösungen für Kinder mit einem wandlungsfähigen Grundriss.

Bild rechts: Eine erhöhte Bettumrandung, die vor dem Herausfallen schützt, ist praktisch bei kleinen Kindern.

Das Zimmer von Teresa ist ausgesprochen geräumig, die gut platzierte Einrichtung belässt dem Raum seine Wirkung. Fenster auf zwei Seiten holen viel Licht herein. Links der Ausgang zur überdachten Terrasse.

Das neue Wohnhaus der Familie Korb entstand an der Stelle eines maroden und leider nicht zu erhaltenden Vorgängerbaus, aber auf den vorhandenen Grundmauern. Die lang gestreckte Kubatur wurde also aufgegriffen, aber in eine aktuelle Formensprache übersetzt. Für eine kleine Familie mit einem Kind konzipiert, ermöglichte das große Volumen und die daher immensen Raumreserven die Schaffung eines sehr großzügigen Wohngefühls – insbesondere auch für die kleine Tochter.

Traum-Kinderzimmer und noch viel mehr

Teresas wunderschönes großes und hohes Zimmer auf der westlichen Giebelseite bietet Platz für reichliche Möblierung, ohne im Mindesten voll gestellt zu wirken. Dadurch, dass das Obergeschoss bis zum First ausgebaut ist, ließ sich auch im Kinderzimmer ein ungewöhnlich großzügiger Raumeindruck schaffen. Obgleich mit großem Bett, Sofa, Schrank und Regaleinheiten reichlich möbliert, verbleibt sehr viel Platz zum Spielen. Gemeinsam mit den Eltern hat Teresa ferner Zugang zu einer eigenen Terrasse, die von dem darüber gezogenen Hausdach vor Wind, Sonne und Wetter geschützt ist. Die zweiseitig umlaufende Brüstung aus satiniertem Glas ist perfekt für Kleinkinder geeignet, da sie keinerlei Ansatzpunkt zum Überklettern bietet. Ist es fürs Spielen auf der Terrasse oder im Garten zu kalt, bleibt im Bereich vor dem Zimmer immer noch erstaunlich viel Raum: Der Spielflur besitzt mit über 20 Quadratmetern nicht nur eine große Fläche, sondern beeindruckt auch durch seine Deckenhöhen von bis zu vier Metern.

Eine Firstverglasung im Dach des Obergeschosses lässt weiches Licht einfallen – die perfekte Atmosphäre zum Lesen und Spielen. Im Vordergrund der Mal- und Kreativtisch für Klein und Groß.

Mittels eines verglasten Dachfirsts ist das Obergeschoss tag-hell belichtet, ohne dass – bei welchem Wetter auch immer – ein einziges Licht eingeschaltet werden müsste. An einem kleinen Tischchen mit dahinter angeschlossener Kinder- und Elternbibliothek kann Teresa malen und Bilderbücher an-schauen, wann immer sie Lust dazu hat.

Anpassungsfähiges Wohnkonzept

Bei der Planung des Hauses ist nicht nur an heute, sondern bereits an eine spätere Lebenssituation gedacht. Das Zimmer von Teresa ist im Grundriss als „Kindbüro" eingetragen; dies bezieht sich schon mit auf eine spätere Situation, wenn Teresa als Jugendliche gern etwas Abstand zu den Eltern gewinnt. Hierzu wurde im Obergeschoss eine Einliegerwohnung mit separaten Zugängen vom Treppenhaus vorgesehen, die mit

eigenem Bad und auch mit eigener Küche ausgestattet ist. Teresas Zimmer kann dann von den Eltern als Büro genutzt werden. Alternativ oder nach dem späteren Auszug des Kindes ist es aufgrund der Zweiteilung des Hauses mit dem dazwischen liegenden Eingangsbereich und Treppenhaus sogar denkbar, die Wohnung zu vermieten. Ohne größere Umbau-maßnahmen zeigt sich das Haus also für unterschiedlichste Familien- und Lebenssituationen bestens gerüstet.

Spannend wohnen mit Split-Level-Bauweise

Dem sanften Geländeabfall folgend, besitzt der Wohnraum ein gegenüber dem Koch- und Essbereich um etwa einen Meter tieferes Niveau. Das verleiht dem eher intimen Raum noch eine besonders ruhige Atmosphäre. In die Zwischen-wand einfahrende Holzschiebetüren geben je nach Situation

Der Massivholzbelag macht auch den Boden unter der Firstverglasung zum gern angenommenen Aufenthaltsplatz.

Im „tiefer gelegten" Wohnbereich in der Nähe einer großen Verglasung befindet sich der Lieblings-Spielplatz, der von der Küche aus eingesehen werden kann.

einen weiten Durchblick bis in den Eingangsflur frei oder schließen die Räume voneinander ab. Teresa hat dort ihren persönlichen Spiel- und Aufenthaltsplatz bekommen, den die Mama oder der Papa von der Küche aus immer im Auge behalten können.

Hier entstand ein großzügiges Wohnhaus für eine kleine Familie, das den zur Verfügung stehenden Raum ausgesprochen geschickt nutzt und vor allen Dingen viel lichten, gut nutzbaren Bewegungs- und Aufenthaltsraum für das Kind bereitstellt.

Das Wichtigste in Kürze:

Architekt: Walter Engl, Aurolzmünster

Standort: bei Ried/Oberösterreich

Bauaufgabe: Neubau für eine Familie mit Kind

Bauzeitraum: 2001-2002 (14 Monate)

Wohnnutzfläche: ca. 225 m² (davon ein Kinderzimmer mit ca. 18 m²)

Jahresheizwärmebedarf: ca. 44 kWh/m²

Gesamtkosten: keine Angaben

Gesamtansicht des Hauses, vom Garten aus gesehen.

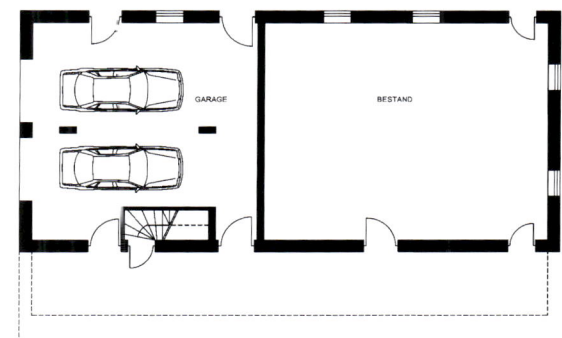

GARAGE

BESTAND

UNTERGESCHOSS

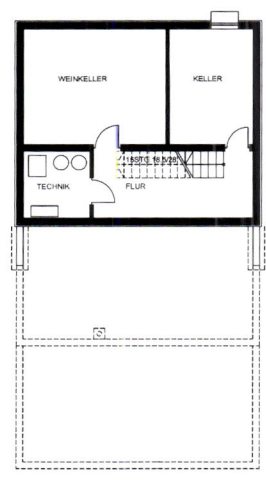

WEINKELLER

KELLER

TECHNIK

FLUR

ERDGESCHOSS

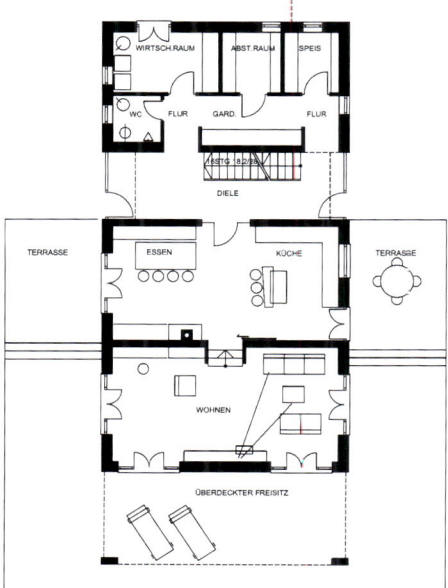

WIRTSCH.RAUM

ABST.RAUM

SPEIS

WC

FLUR

GARD.

FLUR

DIELE

TERRASSE

ESSEN

KÜCHE

TERRASSE

WOHNEN

ÜBERDECKTER FREISITZ

OBERGESCHOSS

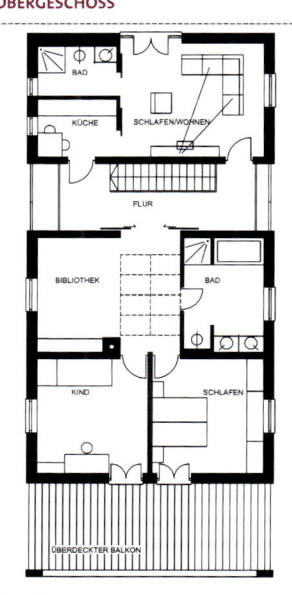

BAD

KÜCHE

SCHLAFEN/WOHNEN

FLUR

BIBLIOTHEK

BAD

KIND

SCHLAFEN

ÜBERDECKTER BALKON

Gemeinsamer Spiele-Nachmittag von Till, Ronja und Aline.

Farbenfroh
und landschaftsnah

Kinder spielen am liebsten in der Natur – besonders dann, wenn das Umfeld so idyllisch ist wie bei dem hier vorgestellten Einfamilienhaus. Aber auch die den Kindern eigene Liebe zu Farben wird hier in der Architektur wie auch im Wohnambiente so perfekt umgesetzt, dass man sein persönliches Traumhaus vor sich zu haben glaubt. Und zu guter Letzt avanciert der Wohnbereich hier sogar zum Kinderspielplatz!

Der Wohn- und Essbereich mit offener Küche. Viel Holz, natürliche Materialien und intensive, warme Farbtöne prägen den Familien-Wohnraum.

An einem Hang entstand das Haus der Familie Wipf-Werner auf einer neu geschaffenen Geländeterrasse. Ringsum sind nur beweidete Wiesen zu sehen, der weite Ausblick auf die Landschaft bei Schaffhausen trägt seinen Teil zum Vorzug des Standorts bei. Für die Kinder ist die naturnahe Lage paradiesisch. Eine auf der sonnigen südlichen Giebelseite geschaffene Terrasse mit Holzbelag erlaubt es, Natur und Aussicht in vollen Zügen zu genießen. Holzskulpturen in Rot, Blau und Gelb setzen Akzente und stimmen auf das Gebäude ein, das talseitig vom Untergeschoss her erschlossen wird. In Holz verschalt, präsentiert sich das Familienhaus in einem angenehmen, einladenden Blau.

Warme Farben, warme Lichtstimmung

Till, Ronja und Aline wechseln bei schönem Wetter zum Spielen gerne nahtlos zwischen Wiese, Terrassendeck und Wohn-/Essraum. Die Funktionen Wohnen und Essen sind beide der Südseite des Erdgeschosses zugeordnet und entsprechend bestens belichtet.

Warme Naturholztöne wie die des Dielenbodens und des Mobiliars prägen das Ambiente ebenso wie das dazu passende Farbkonzept, das durch Orange, beziehungsweise helles Rot, bestimmt wird.

Ansicht des Hauses von der Hangseite. Die blau lasierte Holzschalung hebt das Gebäude aus seiner Umgebung hervor.

Eine Rutsche im Wohnbereich!

Nur selten gehen die Überlegungen eines Architekten so weit, dass Kinder-Spielmöbel zum integralen Bestandteil der Innenarchitektur werden. Im Haus der Familie Wipf-Werner aber können die Kinder den Weg vom Obergeschoss ins Erdgeschoss prima abkürzen, indem sie eine hölzerne Rutsche benutzen. Diese ist auf dem Zwischenpodest der Treppe aufgelagert. Eine Stange zum Festhalten und Abstoßen garantiert den optimalen Rutschspaß. So ist auch bei schlechtem Wetter für körperliche Betätigungsmöglichkeiten gesorgt. Eine wunderbare Idee, die – zumal bei so gelungener Gestaltung wie hier – zahlreiche Nachahmer finden sollte!

Mehr als außergewöhnlich ist die in die Innenarchitektur integrierte Holzrutsche, ein perfektes Gegenmittel gegen Langeweile an regnerischen Tagen! Die präzise eingeschnittene Verglasung schafft einen wunderschönen Ausblick in die Landschaft bis zum Wald.

Die hellen und großzügig dimensionierten Zimmer lassen den Kindern viel „Spielraum". Alle drei Kinderzimmer besitzen große Fenster für eine optimale Belichtung, aber auch außen liegende Verschattungssysteme zum Schutz vor Überhitzung.

Viel Platz für alle Kinder

Bei drei Sprösslingen wird es auch in den meisten neu errichteten Häusern für die Kinder oft recht eng – nicht so jedoch hier: Kinderzimmer, wie übrigens auch das Elternschlafzimmer, weisen eine großzügige Wohnfläche von 14 bzw. 16 Quadratmetern auf. Die Kinderzimmer sind nicht nur relativ groß, sondern auch besonders gut nutzbar.

Jeweils auf die Wünsche der Kinder und – soweit als möglich – mit ihnen abgestimmte Einrichtungskonzepte berücksichtigen persönliche Vorlieben und Geschmäcker. Da das Gebäude bis zum First ausgebaut und somit in den Wohnraum einbezogen ist, besitzen die Zimmer im Obergeschoss auch reichlich Kopffreiheit.

Südorientierung für Gemüt und Energiegewinne

Die konsequente Ausrichtung der Hauptwohnseite nach Süden mit der entsprechenden Unterbringung der Hauptwohnräume – Wohnen beziehungsweise Kochen/Essen im Erdgeschoss, Kinderräume im Obergeschoss – schafft nicht nur bei Sonnenschein ein wahres Wohlfühlklima. Denn auch bei schlechterem Wetter sind die wichtigsten Räume sehr gut belichtet und animieren zu Kreativität und aktiver Betätigung.

Ein gläsernes Vordach auf der Südseite, dass das Licht weitgehend durchlässt, erlaubt auch bei leichtem Regen einen Aufenthalt auf der Terrasse. Für den Sonnenschutz sorgt eine Pergola und eine textile Zeltdachkonstruktion. Im Obergeschoss können auf der Sonnenseite bei Bedarf außen liegende textile Verschattungen heruntergelassen werden, die eine

Erste Schreibtischarbeiten und Eisenbahnspiele auf einem weichen Baumwollteppich.

Aufheizung des Innenraums wirkungsvoll verhindern. In sonnigen Farben gehalten, ergeben sich so mit der blauen Fassade reizvolle Farbeffekte.

Holzbauweise und Wohlbefinden

Das Tragwerk ist ein ARCHITOS Holzsystembau (Lieferant Renggli AG, Schötz), das eine wirkungsvolle Dämmung und hohe Luftdichtigkeit bei sehr guter Diffusionsoffenheit gewährleistet. Als zertifiziertes MINERGIE-Haus mit Erdsonden-Wärmepumpe und Komfortlüftung ist man nahe am Passivhaus-Standard. Wände, Decken, Böden und Einbauten bestehen aus Holz. Damit sind die Voraussetzungen für ein nicht nur energieeffizientes, sondern vor allem auch angenehmes Wohnen und Wohnklima gegeben.

Die Holzkonstruktion ist auf dem in Stahlbeton errichteten Untergeschoss aufgesetzt. Da als Holzelementbau in der Werkstatt vorgefertigt, war eine insbesondere angesichts des Bauvolumens mit drei Geschossen sehr kurze Gesamtbauzeit von nur vier Monaten zu realisieren, die einen weitgehend reibungslosen und nervenschonenden Bauablauf zur Folge hatte.

Wie dieses sehr angenehme Familienheim zeigt, muss nicht jedes Mal das Haus neu erfunden werden, sondern nur immer von neuem optimal auf sein Umfeld und die Bedürfnisse aller Bewohner abgestimmt sein. Unter dem Satteldach entstanden wunderbare Gemeinschaftsräume für Groß und Klein mit zusätzlichem Erlebnisfaktor, aber auch sehr geräumige Zimmer für die drei Kinder. Was will eine Familie mehr!

Ansicht des Einfamilienhauses von der Straße. Durch das schützende Vordach ist die Terrasse auch bei nicht ganz optimalem Wetter nutzbar, die Verglasung verhindert eine Verschattung der Wohnräume. Große Fenster nach Süden holen viel Sonnenwärme ins Haus.

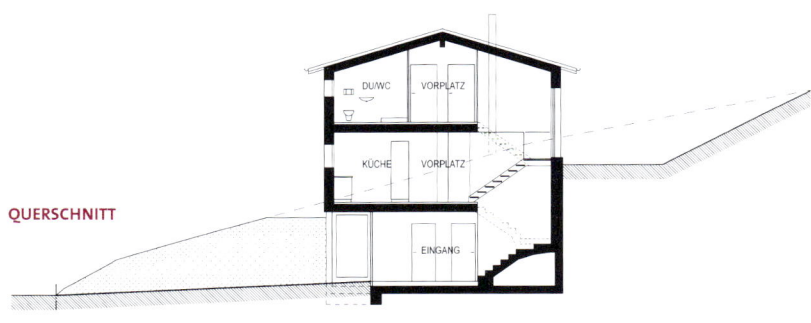

QUERSCHNITT

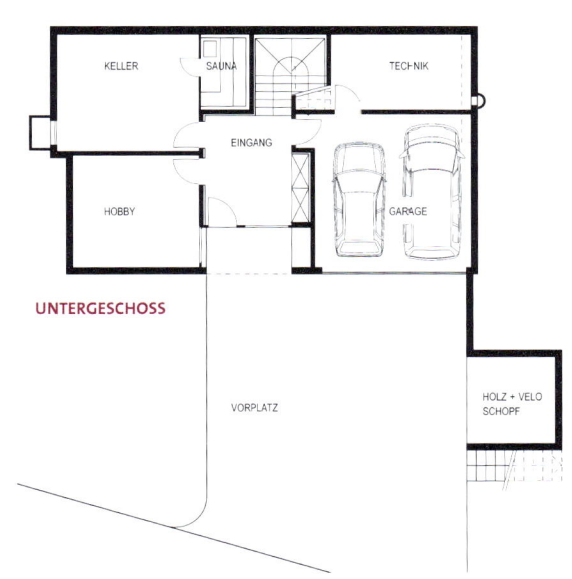

UNTERGESCHOSS

Das Wichtigste in Kürze:

Architekt: Sandri Architekten/Peter Sandri, Schaffhausen

Standort: bei Merishausen (Schweiz)

Bauaufgabe: Neubau für eine Familie mit drei Kindern

Bauzeitraum: 2003–2004 (4 Monate)

Wohnnutzfläche: ca. 225 m² (davon drei Kinderzimmer mit 14–16 m²)

Jahresheizwärmebedarf: ca. 56 kWh/m²

Gesamtkosten: ca. sFr 723 000

Auf dem Niveau der Straße empfängt eine bunte Installation aus Holzpfählen.

Die Ansicht bei Nacht zeigt die hohe Transparenz der Fassaden.

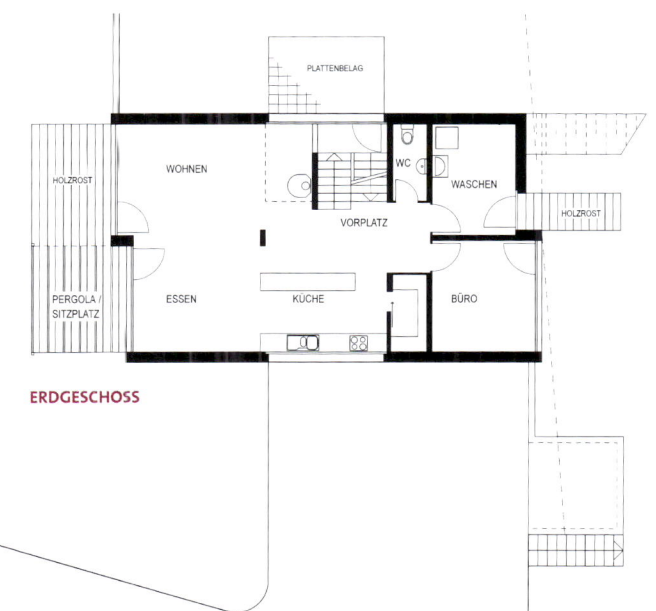

ERDGESCHOSS

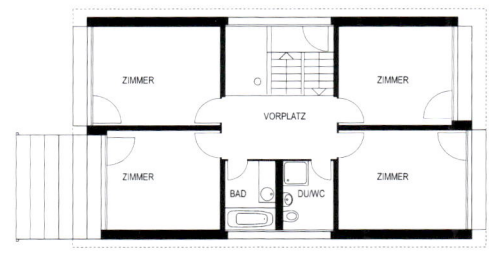

OBERGESCHOSS

Umbau mit eigenem
Kinder-Reich

Wenn die Familie Zuwachs bekommt, sind Anpassungen des Bestands oft unvermeidlich. Dieses Umbauprojekt in Wien zeigt, wie Kinder und Eltern bestmöglich von der Neugestaltung des Grundrisses, der Schaffung von Freibereichen und der Verbesserung der Belichtung profitieren können.

Bild rechts: Farbenfrohe Kinderzimmer-Impression mit flauschig weichem Wandbehang.

Warme Farben, weiche Wohntextilien und viel Bewegungsraum kennzeichnen die Kinder-Reiche.

Die weiche Sitztreppe im Bibliothekszimmer zählt zu den beliebtesten Aufenthaltsplätzen im Haus.

Ein im Jahr 1982 errichtetes Einfamilienhaus am Fuße des Wienerwalds sollte zum perfekten Familienhaus werden. Architekt Thomas Abendroth wurde von der Bauherrschaft mit der Aufgabe betraut, das für eine vierköpfige Familie zu klein geratene Raumvolumen zu erweitern und die Grundrissorganisation zu verbessern.

Ganz oben entstand eine völlig neue Wohnebene: Ein mit Titanzinkblech eingedecktes, futuristisch wirkendes Tonnendach sorgt dafür, dass nun reichlich Platz für den dort geschaffenen Rückzugs-, Schlaf- und Wellnessbereich der Eltern vorhanden ist. Der Wickelplatz des Kleinsten wurde ins Schlafzimmer der Eltern ausgelagert, da das insbesondere nachts bedeutend praktischer ist.

Von der neuen Terrasse, die von der Morgensonne beschienen wird, sieht man weit über die bewaldeten Höhenzüge des Wienerwalds und die Stadt. Die Ostorientierung der Terrasse war eine bewusst getroffene Entscheidung, um die Lärmemissionen der am Haus vorbei führenden Straße auszublenden. So aber ist es möglich, die Vorzüge der Lage zu genießen, ohne vom Umfeld gestört zu werden.

Ein Geschoss nur für die Kleinen

Auf der mittleren Ebene entstand ein Geschoss nur für die Kinder, die nicht nur ein eigenes Bad, sondern auch eine eigene Sonnenterrasse erhalten haben. Diese greift durch einen in intensivem Rot gestrichenen „Rahmen" nach Art eines Sprungbretts kühn in den Himmel aus. Eine beim Umbau an-

Gesamtansicht der Bett- und Höhlenlandschaft, die aus hochwertigen Stoffen entstanden ist.

gefügte Außentreppe verbindet das Erdgeschoss direkt mit dem Garten. Das ist ausgesprochen praktisch, um ohne Umwege ins Freie und zum Spielen zu gelangen.

Die Farbgebung der Zimmer in den Leitfarben Rot und Gelb bringt Wärme und Behaglichkeit ein. Die Gestaltung ist bis ins Detail auf die Bedürfnisse der beiden kleinen Jungen abgestimmt. Die Hochbetten aus optisch und haptisch sehr angenehmen Massivholz besitzen außergewöhnlich schöne Stoffvorhänge im Patchwork-Stil, die den Raum unter dem Bett zur perfekten Kuschelecke und Rückzugshöhle machen.

Die Wandbereiche über dem Bett sind mit dicken Stoffen im gleichen Stil behangen, die nicht nur gestalterische Funktion haben, sondern auch eingenähte Taschen zur Aufbewahrung von Kleinutensilien besitzen. Die warmen Holzparkettböden

in den Kinderzimmern schaffen gleichsam perfekte Spielfelder, auf denen nicht zuletzt fahrbares Spielzeug aller Art wunderbar bewegt werden kann.

Mehr Platz und Wohlfühlqualität fürs Familienleben

Indem man die Küche in die südwestliche Ecke des Erdgeschosses verlegte, konnte zum Garten hin ein großzügiges Wohn- und Esszimmer entstehen. Der Bereich in Nähe der Panoramascheibe, der bei jedem Wetter wundervoll hell ist, wurde mittels einer breiten, weiß gestrichenen Fensterbank bestens nutzbar und ist zu einem Lieblingsplatz aller Familienmitglieder avanciert. Gleich anschließend befindet sich die Sitzecke, die durch einen weißen Teppich und rote Polster-

Blick durch den Wohnbereich zur Terrasse und in den Garten. Die widerstandsfähigen, harten Holzböden vertragen auch die Beanspruchung durch Fahrzeuge.

»Außergewöhnliche innenarchitektonische Ideen wie etwa die Fensterbank vor der Panoramascheibe prägen den Familien-Wohnraum«

Kinderzimmer-Detail mit lustiger Stehleuchte und eigenen Werken.

Der durch den Umbau entstandene Familien-Wohnraum zeichnet sich durch erstaunliche Helligkeit und Großzügigkeit aus.

möbel wirkungsvoll hervorgehoben wird. Draußen lädt eine beim Umbau deutlich vergrößerte, nun ein Stückweit über das Gelände auskragende Terrasse zum gemeinsamen Aufenthalt im Freien ein.

Selbst das Untergeschoss mit der Familiensauna und dem Gästezimmer bekommt aufgrund der Lage am Hang viel Licht. Ein gemeinsames blaues Zimmer dient unter anderem als Bibliothek und Rückzugsraum.

Bei dem Umbau in Wien entstand ein Haus mit individuellem Äußeren und äußerst wohnlichem Innenleben, das den Kindern nicht nur große, sondern auch perfekt und liebevoll gestaltete Bereiche beschert hat. Das gemeinsame Wohnvergnügen im völlig neu organisierten Erdgeschoss profitiert vom durchgängigen Raumzusammenhang wie auch von der Belichtung und der gelungenen Ausstattung.

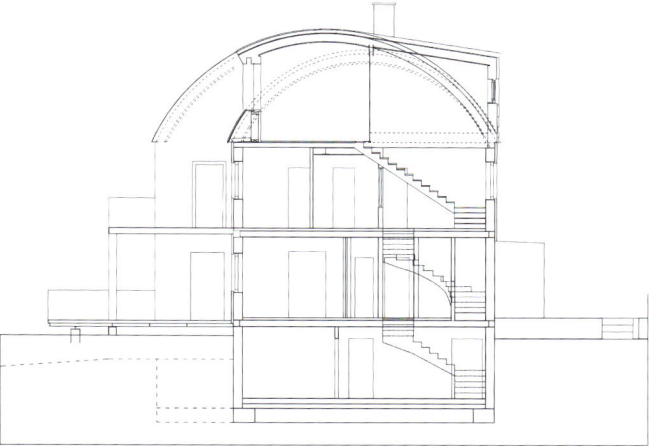

Gartenansicht des Hauses mit der Außentreppe (rechts im Bild).

Das Wichtigste in Kürze:

Architekt: Thomas Abendroth, Wien

Standort: Wien

Bauaufgabe: Umbau für eine Familie mit zwei Kindern

Umbauzeitraum: 2004 (6 Monate)

Wohnnutzfläche: ca. 150 m² (davon zwei Kinderzimmer mit je ca. 15 m²)

Jahresheizwärmebedarf: ca. 45 kWh/m²

Gesamtkosten: keine Angaben

Ansicht von der Straßenseite.

Die neu hinzugefügte, großzügige Terrasse bietet einen Fernblick über den Wienerwald.

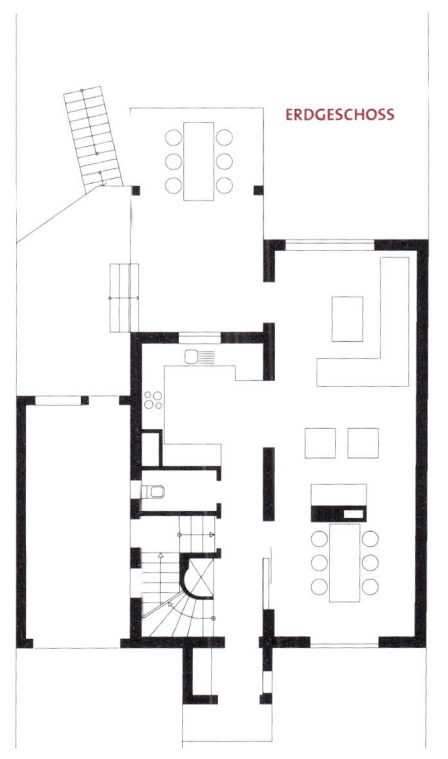

ERDGESCHOSS

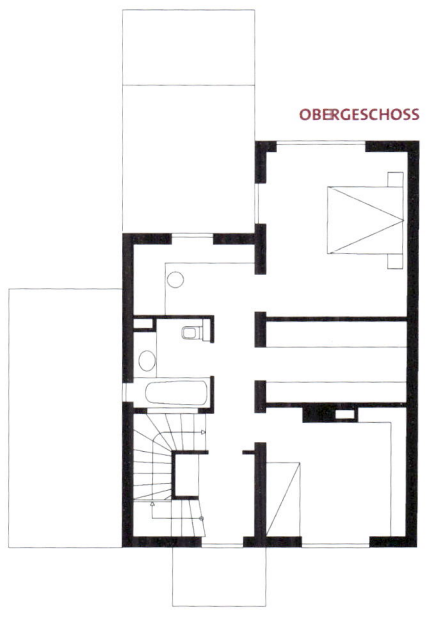

OBERGESCHOSS

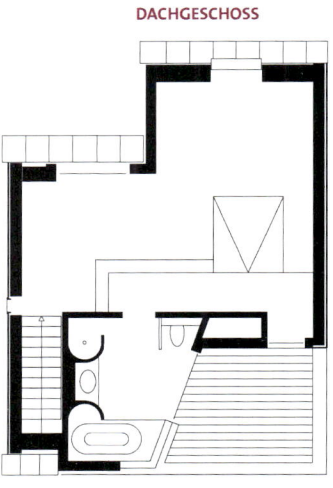

DACHGESCHOSS

Sonne und Licht
als Lebenselixier für Groß und Klein

Perfekte Familienhäuser müssen, wie das hier vorgestellte Beispiel zeigt, keineswegs wie kunterbunte Spielhütten aussehen. Formale Sachlichkeit in der äußeren Architekturgestalt bildet hier gleichsam den Rahmen für ein ausgesprochen lichtes Innenraumerlebnis der angenehmsten Art.

Bild rechts: Mia und ihre Cousine Ella in ihrem Lieblings-Spielzimmer, dem großen Familien-Wohnraum.

Zoe und Mia am Esstisch, der oft und gern zum Malen und Basteln genutzt wird. Die großen Glasscheiben zum Garten holen reichlich Sonnenlicht herein.

Blick vom Essbereich in die sich offen daran anschließende Küche.

Auf einem naturnahen Grundstück mit direkter Anbindung an die freie Feldflur befindet sich in einem normalen Siedlungsgebiet das Heim der Familie Houben/Engels. Zwei rechtwinklig zueinander stehende Teilbaukörper mit straßenseitiger Erschließung formen zusammen mit einer Mauer zum Garten hin einen idyllischen Innenhof.

Der nach Süden ausgerichtete Innenhofbereich und die Terrassen sind somit zur Straße und zur Nachbarbebauung hin abgeschirmt, der Ausblick richtet sich allein auf die angrenzenden Wiesen und Felder. Die zwei Mädchen Mia und Zoe spielen hier bei schönem Wetter sehr oft und ausdauernd, bei schlechter Witterung weichen sie entweder in ihre Kinderzimmer oder in den gemeinsamen Wohnbereich aus. Häufig sind auch Freundinnen oder die kleine Cousine Ella zu Besuch.

Lichtdurchfluteter Einraum zum Wohlfühlen

Das Erdgeschoss weist neben der Eingangs- und Erschließungszone im Grunde nur einen einzigen großen Raum auf, dessen Funktionen sich winkelförmig in Küche, Ess- und Wohnbereich unterteilen. Koch- und Essbereich sind visuell durch einen gemeinsamen grauen Linoleum-Belag zusammengefügt, die Sitzecke besitzt einen Parkettboden. Dessen warmer Holzton bewirkt insbesondere bei tief ins Haus fallenden winterlichen Sonnenstrahlen ein fast honigfarbenes Wohnambiente. Auf Boden, Teppich, Sofa und am Beistelltisch spielt sich ein großer Teil von Mias Spielaktivitäten ab. Durch die raumhohen, analog zum Boden in Naturholztönen gehaltenen Fenstertüren geht es im Sommer geradewegs weiter auf die holzgedeckten Terrassen.

Mia, Ella und ihre Mutter am Esstisch.

Rückzugsbereich für Kinder und Eltern

Die obere Wohnebene umfasst die beiden nach Süden orientierten Kinderzimmer und das im südwestlichen Hauseck untergebrachte Elternschlafzimmer. Dazwischen liegt das Badezimmer – sozusagen als kleine „Pufferzone" zwischen Groß und Klein.

Auch in Zoes und Mias Zimmer wirken filigrane Massivholzmöbel bestens mit dem Holzboden zusammen. Liebevoll ausgesuchte Accessoires, wie eine Blumenleuchte mit Stoffbespannung, setzen gestalterische Akzente. Mias Ausstattung wird noch durch einen Wickeltisch vervollständigt, dagegen findet sich bei Zoe „fortgeschrittene" Kinderzimmer-Ausstattung in Gestalt eines kleinen Spiel-Laptops, der aber nur zu bestimmten Zeiten in Benutzung ist.

Vom Obergeschoss aus gelangen die Familienmitglieder auf eine Dachterrasse, die sich oberhalb von Koch- und Bürotrakt befindet. Später können die Kinder hier einmal Hausaufgaben machen oder sich mit Freunden unterhalten, ansonsten bietet sie einfach einen wunderschönen Ausblick auf Bachauen- und Wiesenlandschaft.

Passivhausstandard als Zugabe

Trotz der durchaus moderaten Gesamtkosten erreicht das in Massivbauweise mit zusätzlicher Außenwanddämmung errichtete Gebäude Passivhausstandard. Bausteine des Passivhaus-Systems sind in diesem Fall – neben der sehr guten Dämmung und luftdichten Bauausführung – die optimale Ausnutzung der durch die Glasscheiben eingestrahlten

Die Zimmer von Zoe und Mia sind geprägt durch wertiges Massivholzmobiliar, lebhafte Farben und persönliche Lieblings-Motive. Der warme Massivholz-Boden bildet dazu die angenehme Grundlage.

Sonnenwärme, die bestmöglich im Haus gehalten wird. Die Ziegelwände fungieren hierbei als Wärmespeicher. Der zusätzlich noch benötigte geringe Heizenergiebedarf wird über eine kontrollierte Wohnungslüftungsanlage mit Wärmerückgewinnung sowie einen Stückholz-Kaminofen gedeckt. Für die Warmwasserbereitung sind fassadenmontierte Solarkollektoren zuständig, die im Winter für Warmwasser sorgen und im Sommer die dahinter liegenden Räume angenehm beschatten. Dieses Energiekonzept spart nicht nur viel Geld, sondern garantiert auch ein ganzjährig angenehmes Wohnklima im ganzen Gebäude.

In diesem Haus spielt das sonnendurchflutete Erdgeschoss ganz klar die Hauptrolle im täglichen Familienleben. Die Kinderzimmer sind ungeachtet dessen sehr angenehme Rückzugsräume mit viel Atmosphäre und Liebe zum Detail.

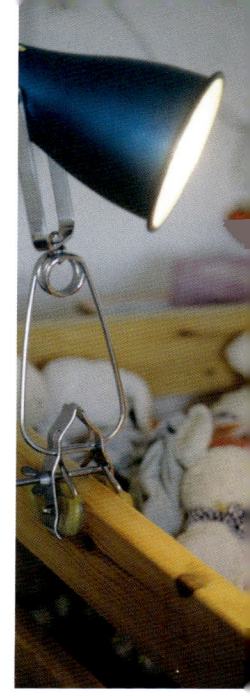

In der Gesamtansicht zeigt sich, dass die beiden Flügel des Hauses (rechts mit der Küche) einen behüteten Innenhof mit Sonnenterrasse bilden.

Die Solaranlage liefert nicht nur saubere Energie, sondern dient auch als Schatten spendendes Vordach für die Kinderzimmer.

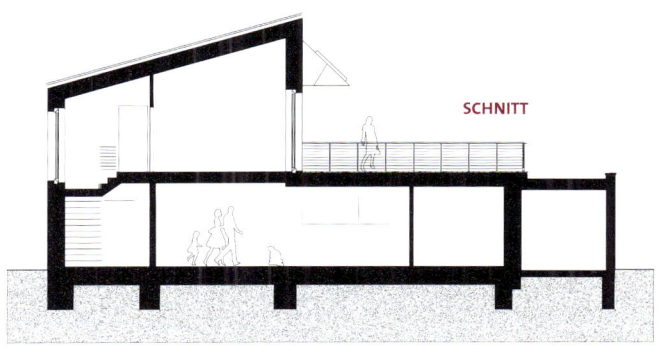

SCHNITT

Das Wichtigste in Kürze:

Architekt: Rongen Architekten, Wassenberg

Standort: Hückelhoven-Rurich/Nordrhein-Westfalen

Bauaufgabe: Neubau für eine Familie mit zwei Kindern

Bauzeitraum: 2004 (12 Monate)

Wohnfläche: ca. 167 m² (davon zwei Kinderzimmer mit je ca. 14 m²)

Jahresheizwärmebedarf: ca. 14,6 kWh/m²

Gesamtkosten: ca. 273 000 Euro

ERDGESCHOSS

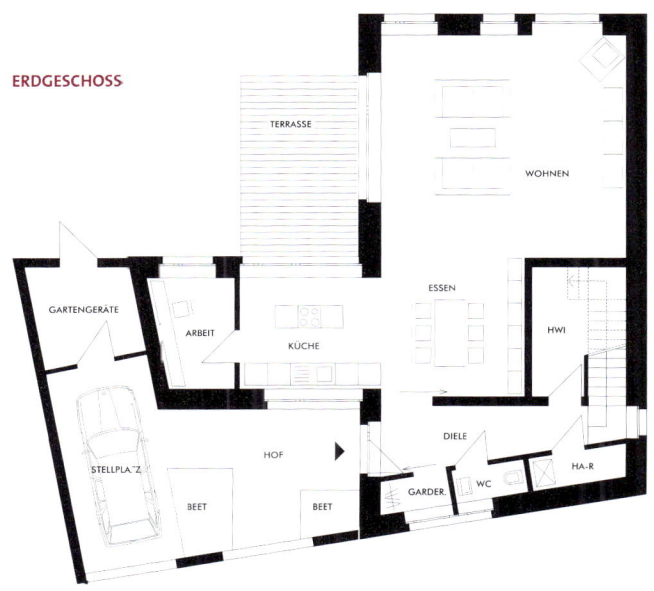

OBERGESCHOSS

Das mitwachsende Haus

In den 1960er und 1970er Jahren errichtete Einfamilienhäuser sind meist deutlich in die Jahre gekommen und benötigen in der Regel nicht nur eine bautechnische Sanierung, sondern auch eine Kur in Sachen Grundrissgestaltung – in diesem Fall noch verbunden mit der Aufstockung eines neuen Dachgeschosses und der Entstehung einer Kinder-Etage.

Bild links: Emilie beim Spielen mit ihrer Freundin am Kinderzimmer-Tisch.

Emilies Zimmer ist mit dem wunderschönen Massivholz-Bett (von Orsetto) und dem „bärigen" Schrank (von HABA) perfekt ausgestattet, die warm-pastellige Wandfarbe mit Schmuckbordüre macht das Mädchenzimmer komplett.

Der beim letzten Umbau-Schritt mit der Dachaufstockung realisierte Wohn- und Schlafbereich der Eltern.

Von einer großen Fichte im Grundstückseck abgeschirmt, befindet sich das Haus der Familie Rauh-Huber in einer sehr grünen Wohngegend der bayerischen Landeshauptstadt. Das in den 1960er Jahren errichtete und 1996 von den heutigen Eigentümern erworbene Gebäude wurde von dem Architekturbüro l7 architekten in mehreren Etappen saniert und umgebaut.

An einen zunächst durchgeführten Badumbau schloss sich 1999 die Umgestaltung des gesamten Erdgeschosses, die Sanierung der Fassaden mit neuer Wärmedämmung sowie die Anfügung eines neuen Balkons auf der Südfassade an. Vollendet wurde das Werk mit der 2004 erfolgten Aufstockung eines neuen Dachgeschosses, das durch die Geburt der dritten Tochter notwendig geworden war und eine Neuaufteilung der Wohnbereiche ermöglichte.

Wellness-Schlafbereich
und Refugium für die Kinder

Der in Holztafelbauweise vorgefertigte, großzügig verglaste Dachgeschossaufbau mit umlaufender Terrasse dient nun als reiner Elternbereich mit großem Schlafraum, Bad, WC und begehbarem Kleiderschrank, während das darunter liegende Obergeschoss ausschließlich von den Kindern genutzt wird. Neben ihren drei Räumen steht ihnen auch ein eigenes Bad mit WC sowie ein gemeinsames Spielzimmer zur Verfügung, das nur temporär für die Unterbringung von Übernachtungsgästen „zweckentfremdet" wird.

Der bereits einige Jahre zuvor ergänzte Balkon verbindet die drei Kinderzimmer von Pernilla, Julian und Emilie und dient ihnen als luftiger Freisitz, Aussichtspunkt und Spielplatz.

Emilie und Freundin im genialen Spiel-Haus.

Julian im Ausguck seines Piraten-Betts.

Kinderzimmergestaltung en détail

Die Räume selbst zeichnen sich durch eine ausgefeilte Farb- und Einrichtungsgestaltung aus. So besitzt die kleine Emilie ein wunderschönes Massivholz-Bettchen mit Füllungen aus Geflecht, das innen mit einer gelben, gepolsterten Stoffbespannung versehen ist.

Ein großer Holz-Teddybär am Schrank bewacht ihren Schlaf. Ein blau-grün-kunterbuntes Spielzelt sowie ein lila-pink-farbener Malplatz vervollständigen das schmal-längliche, aber hervorragend genutzte Traumreich. Eine auf etwa 80 cm Höhe angebrachte Schmuckbordüre in Emilies Lieblingsfarben – Rosa und Hellblau-Türkis – dient nicht nur als Gestaltungselement, sondern lässt den Raum zusätzlich größer und weiter wirken.

Julian seinerseits genießt es, auf seiner bunten Kletterinsel unterwegs zu sein, die nach Art eines Schiffes in lebhaften Farben gestaltet ist. Der „Ausguck" dient als Höhle und Rückzugsort. Nach der Ruhepause geht es wieder per Strickleiter nach unten. Zum Schlafen zieht sich Julian in sein Naturholzbett zurück, das von einem blau-weißen Baldachin überspannt wird und mittels Vorhängen vollständig geschlossen werden kann – die Außenwelt ist dann ausgeblendet.

Das Wohnzimmer im Erdgeschoss mit dem offenen Kamin. Das Sofa ist von Designers Guild.

Emilie mit Freundin vor dem Fenster – mit Blick auf den eigenen Balkon.

Familienleben zwischen Drinnen und Draußen

Den Mittelpunkt des Familienlebens bildet der große Wohnraum, der ebenso wie der Essbereich nach Süden, zum Garten hin orientiert ist. Eine Regalwand trennt die beiden Zonen, zwei beidseitig angeordnete Schiebetüren stellen je nach Wunsch und Situation einen durchgehenden Raumzusammenhang oder separate Einheiten her. Ein großes, eindrucksvolles Fotoporträt der Kleinsten schmückt das Zimmer: Emilie ist der Blickfang des Wohnraums. Sowohl vom Wohnraum als auch vom Esszimmer gelangt man direkt in den Garten und zu einem überdeckten Freisitz, der einen geschützten Aufenthalt ermöglicht.

Im Garten verbringen die Kinder bei schönem Wetter einen Großteil ihrer Zeit, bauen eigene Kreationen aus Naturmaterialien und Fundstücken oder legen mittels eines Baukasten-Stecksystems richtiggehende Wasserlandschaften an. Zusammen mit den Eltern entstehen bei Gelegenheit kleine Gartenkunstwerke, so etwa das im Beet vor der Terrasse platzierte rote Futterhaus für die Vögel.

Das Haus der Familie Rauh-Huber wirkt nach Abschluss der Umbaumaßnahmen wie eine architektonische Einheit – nicht zuletzt deshalb, weil die verschiedenen Schritte von Anfang an im Detail vorgeplant waren. So bleiben sowohl für die Kinder als auch für die Eltern im Grunde keine Wünsche offen. Ein perfektes Familienhaus ist entstanden!

Die farbenfrohe Piraten-Insel (von HABA) mit prima Klettermöglich-
keiten lässt darunter genug Platz, um wichtige Dinge unterzubringen.

Die in Familien-Arbeit hergestellte Vogel-Villa.

Emilie im Garten.

Gesamtansicht des Hauses.

Das Wichtigste in Kürze:

Architekt: 7 Planer + Architekten, München

Standort: München

Bauaufgabe: Umbau und Dachaufstockung für eine Familie mit drei Kindern

Bauzeitraum: 1997, 1999 und 2004

Wohnfläche: ca. 218 m²
(davon drei Kinderzimmer mit ca. 14, 15 und 18 m²)
zuzüglich ca. 35 m² Dachterrasse und ca. 9 m² Balkon

Jahresheizwärmebedarf: ca. 60 kWh/m²

Gesamtkosten: keine Angaben

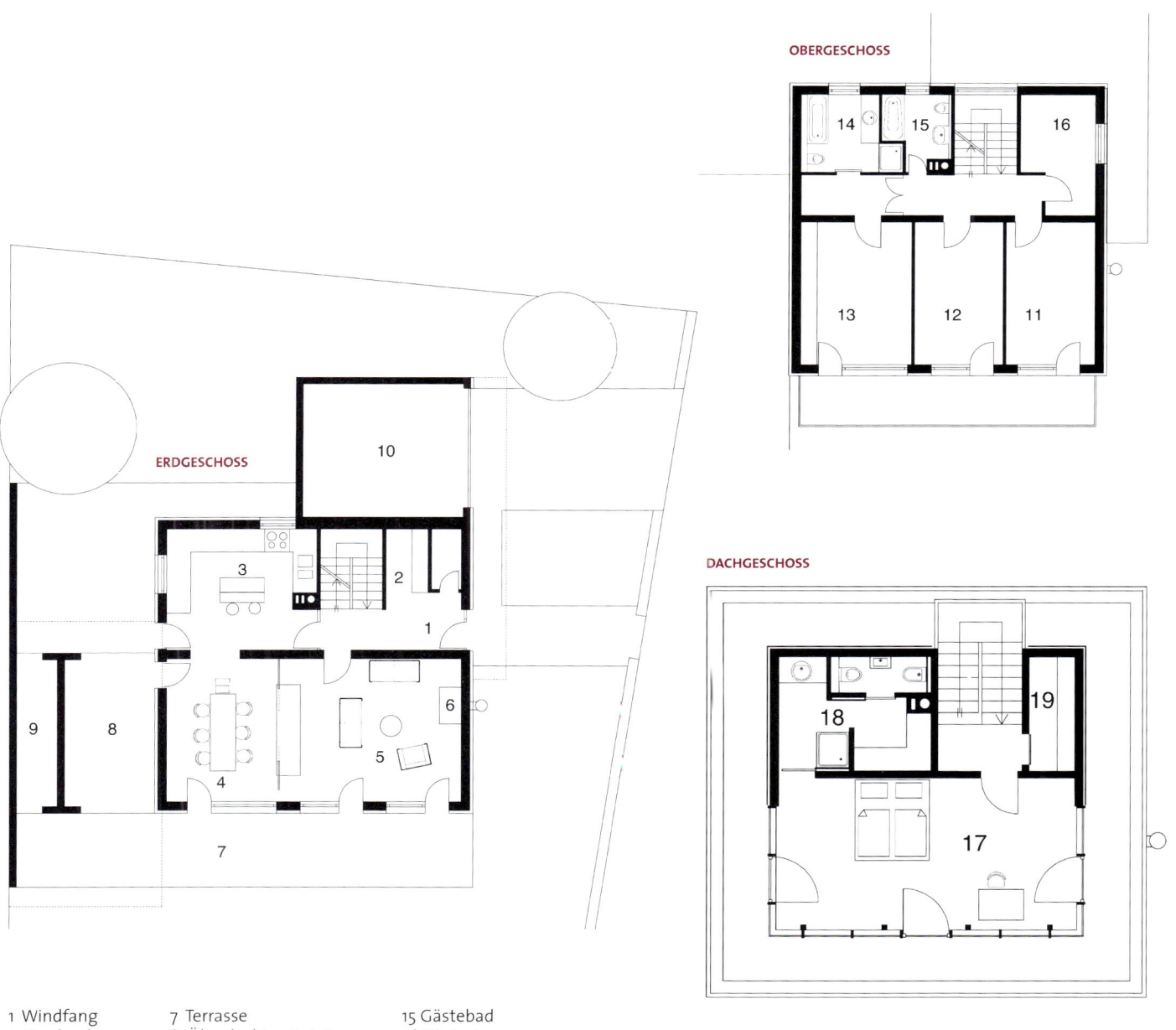

OBERGESCHOSS

14   15   16

13   12   11

ERDGESCHOSS

10

3   2

1

9   8   6

5

4

7

DACHGESCHOSS

18   19

17

1 Windfang
2 Garderobe
3 Küche
4 Essen
5 Wohnen
6 Kamin/Ofen

7 Terrasse
8 Überdachter Freisitz
9 Geräte-Aufbewahrung
10 Garage
11/12/13 Kinderzimmer
14 Kinderbad

15 Gästebad
16 Gästezimmer
17 Elternbereich
18 Bad/WC/Ankleide
19 Schrankraum

Das wohngesunde
Kinder-Haus

Gute zeitgemäße Architektur mit einem wohnlichen Innenleben ist der Traum so mancher Bauherren. Das Haus der Familie Schmied vereint hochwertige, zeitgemäße Architektur mit einem äußerst kinder- und familienfreundlichen Innenleben.

Ein eigener Trakt für die Kleinen ist nicht nur sehr nützlich, sondern bringt auch Spaß im täglichen Leben und macht das Raumprogramm zudem noch fit für die Zukunft.

Bild rechts: Blick in eines der Kinderzimmer: Holzböden, Naturmaterialien und Tiermotive als prägende Elemente.

Gesamtansicht vom Garten. Die großzügige Terrasse ist im Sommer der bevorzugte Familien-Treffpunkt.

Als Prototyp einer Passivhaussiedlung geplant, ist Wohlfühlen und Energiesparen bei diesem Haus Programm. Die bestmögliche Ausnutzung der Sonne als Wärmequelle, eine ökologische, effiziente Dämmung der äußeren Hülle mit eingeblasenen Zelluloseflocken bei kompakter Bauweise und eine zentrale Lüftungsanlage mit Wärmerückgewinnung sowie eine Wärmepumpe machen das in Holztafelbauweise errichtete Haus nachhaltig und wohngesund. Hierzu leistet auch das als hauptsächlicher Baustoff für den Innenausbau verwendete Massivholz einen wichtigen Beitrag.

Die Ausrichtung zur Sonne und die Fassadeneinteilung bewirken eine optimale Lichtführung im Innenraum und eine ungemein helle Wohnatmosphäre. Tiefe Fensterlaibungen insbesondere auf der Südseite sowie fassadenintegrierte textile Verschattungen wirken einer sommerlichen Aufheizung des Hausinneren entgegen. Lehmputze sowie der Verzicht auf absperrende Folien, Kunststoffputze und schadstoffbelastete Produkte sorgen dafür, dass im ganzen Haus stets ein sehr angenehmes Raumklima herrscht – ein gerade für die beiden Kinder wichtiger Wohnaspekt.

Gemeinsam spielen, getrennt schlafen und entspannen

Während das Erdgeschoss als offener Raumzusammenhang mit zwei eingestellten Funktionseinheiten – für Bad/Haustechnik und Küche/Treppe – konzipiert ist, präsentiert sich das Obergeschoss zweigeteilt. Das Stiegenhaus fungiert gleichsam als trennender Raum zwischen dem Trakt der Eltern und dem der Kinder. Die beiden Kleinen haben eigene Zimmer, in die sie sich zurückziehen und wo sie sich entspannen und für

Wundervoller Wohnbereich im Erdgeschoss
mit Naturstein-Küchenblock.

Der Spielflur vor den Kinderzimmern bildet ein eigenes Reich mit viel Bewegungsfreiheit.

sich sein können. Was andere Kinder aber nicht oder zumindest nicht in dieser Größe vorweisen können, ist der den Kinderzimmern vorgelagerte große Spielraum, der der gemeinsamen Nutzung dient.

Als warme Unterlage dient Holzparkett, das Luftfeuchtigkeit speichern und wieder abgeben kann, somit also mit für ein gesundes Raumklima sorgt. Große Tische, die durch breite Fensterfronten üppig belichtet werden, dienen nach Lust und Laune dem Malen, Basteln oder anderen Tätigkeiten.

Da das Licht stets von vorne kommt, machen sich die Kinder keinen Schatten – ein planerisches Detail, das aber ungemein wichtig ist. Im Übrigen ist hier so viel Platz, dass auch getobt und herumgerannt werden kann, wenn das Wetter ein Spielen im Freien nicht erlaubt.

Und das Beste: Mittels einer Schiebetür lässt sich das Spielzimmer, das gleichzeitig Erschließungsflur für die Kinderzimmer ist, vom Treppenbereich abtrennen.

Je nach Bedarf können die Bereiche der Kinder und der Eltern zueinander geöffnet oder geschlossen werden, ohne dass – wie etwa bei normalen Flügeltüren – wertvoller Raum verloren ginge.

Wohngesund und farbenfroh

Die auf den Innenwänden aufgebrachten Lehmputze beeinflussen das Wohnklima nachhaltig positiv, indem sie Luftfeuchtigkeit aufnehmen und wieder abgeben, somit also für ein perfektes, ausgewogenes Raumklima sorgen. Darüber hinaus erfreuen sie mit ihrer gelben und roten Farbgebung

Detail der Fassade mit gepflastertem Bereich und Holzterrasse.

das Auge aller Familienmitglieder, ganz besonders aber der Kinder. Der warme, anregende und belebende Charakter der Farben ergänzt sich aufs Beste mit den Holztönen des Ahorns. Durch die Helligkeit der Räume wirken diese noch größer.

Mit dem Erdgeschoss aus Naturstein und der Lärchenholzfassade optisch fest im Boden verwurzelt, zeigt sich das Haus der Familie Schmied nicht nur naturverbunden und wohngesund, sondern zusätzlich als traumhaftes Wohnhaus für die Kinder, denen neben ihren Individualbereichen und den Familien-Wohnräumen auch noch ein großzügiger Frei- und Erlebnisraum zur Verfügung steht.

Die Kinderzimmer sind – nicht zuletzt dank des vorgeschalteten Spielflurs – perfekte Rückzugs-Räume.

Das Wichtigste in Kürze:

Architekt: ah3 architekten, Horn (Österreich)

Standort: Niederösterreich

Bauaufgabe: Neubau für eine Familie mit zwei Kindern

Bauzeitraum: 2006 (5 Monate)

Wohnnutzfläche: ca. 157 m² (davon ein Spielzimmer mit ca. 14 m² und zwei Kinderzimmer mit je ca. 11 m²)

Jahresheizwärmebedarf: ca. 14 kWh/m²

Gesamtkosten: keine Angaben

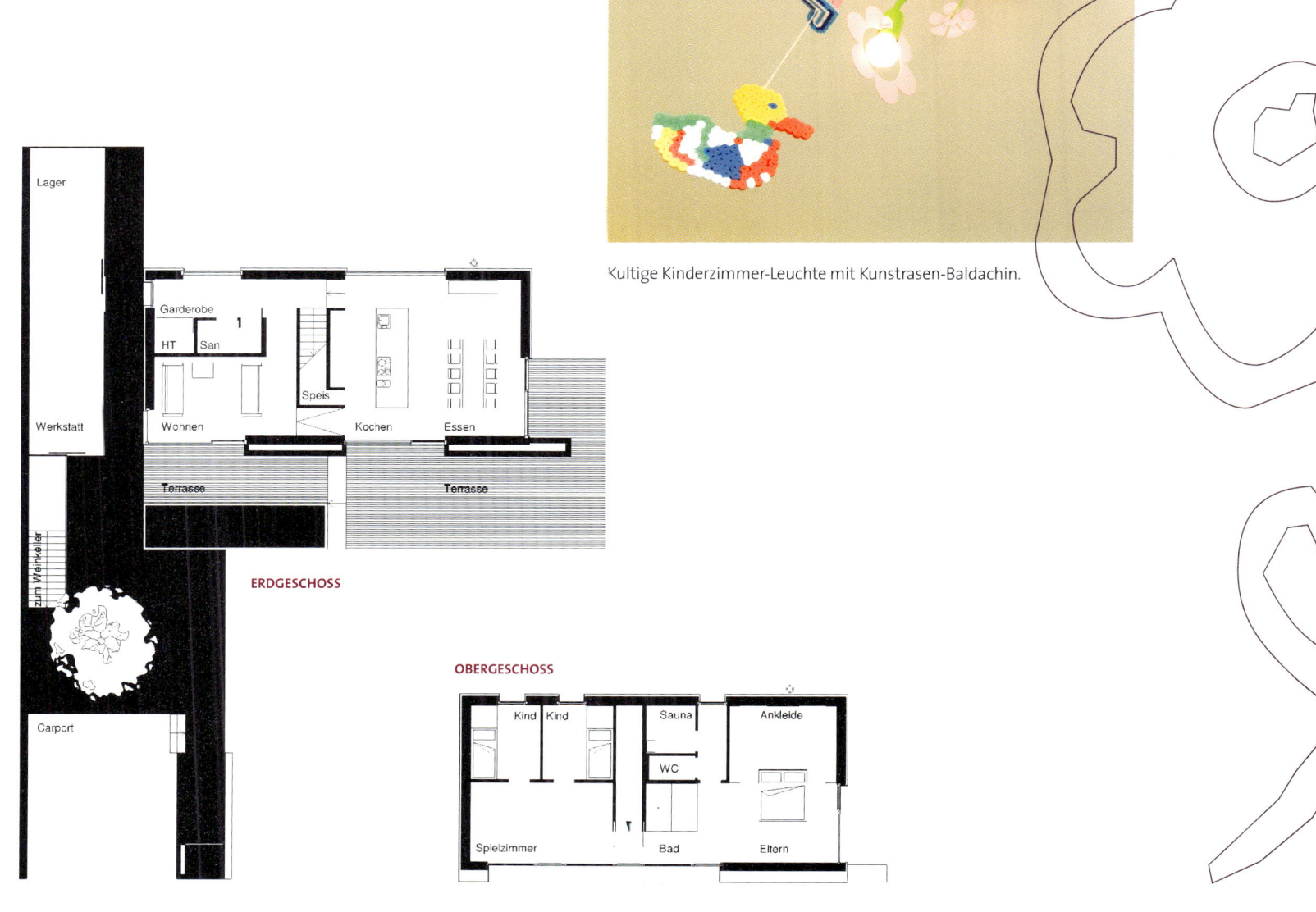

Kultige Kinderzimmer-Leuchte mit Kunstrasen-Baldachin.

ERDGESCHOSS

Lager

Garderobe

HT   San

Speis

Wohnen   Kochen   Essen

Terrasse   Terrasse

Werkstatt

zum Weinkeller

Carport

OBERGESCHOSS

Kind   Kind   Sauna   Ankleide

WC

Spielzimmer   Bad   Eltern

Bauanleitungen – So einfach geht's
Der Wickelaufsatz

Aus Massivholz gefertigt, entsteht hier eine natürliche, fürs Baby angenehme und schadstofffreie Unterlage für die Wickelauflage. Als Unterbau dient zumeist eine Schubladen-Kommode – neu hergestellt oder auch antik.

Benötigtes Material

Fichte-Dreischichtplatten, ca. 20 mm stark
(Zuschnitt laut Planmaßen)

Fichte-Leisten, ca. 30 mm

Kreuzschlitz-Schrauben
(möglichst dünn, dafür kleinere Abstände wählen)

ggf. zusätzlich verleimen
(nur schadstofffreien Holzleim verwenden!)

Kanten auf der Oberseite abschleifen

Der fertige Wickelaufsatz kann dann entweder mit Leinöl eingelassen oder mit ökologischen Holzfarben bunt angestrichen und mit passenden Motiven versehen werden.

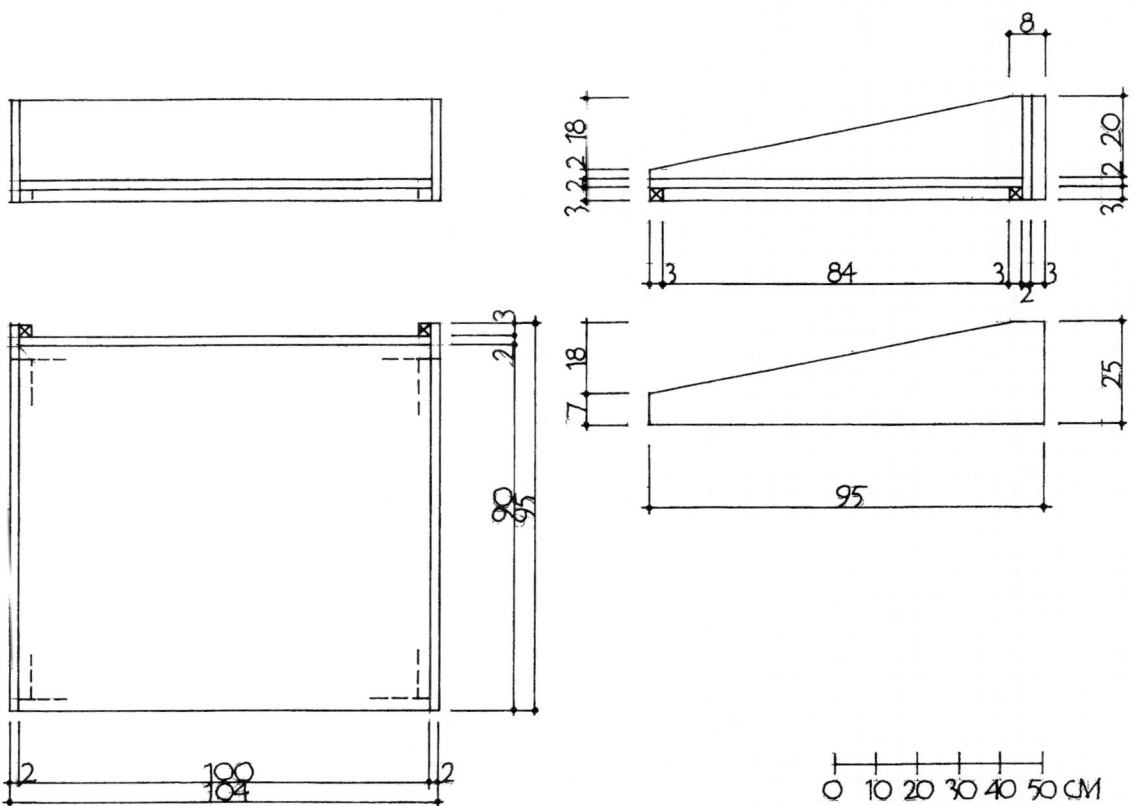

18

3 2 2

8

3 2 20

3

84

3

3

2

2 3

2

88
95

18

7

25

100
104

2

2

95

0 10 20 30 40 50 CM

Die Spielburg
fürs Haus

Steht ein bisschen Platz zur Verfügung, kann man Kindern wohl keine größere Freude bereiten als ihnen eine Spielburg für Drinnen zu bauen. Bei etwas größeren Abmessungen kann das Spielgerät sogar als Hochbett genutzt werden!

Um Platz einzusparen, kann die Rutsche durch eine Strickleiter ersetzt werden. Mit wetterfesten bzw. entsprechend gestrichenen/lasierten Hölzern, Schrauben und Leim eignet sich dieses Modell auch für die Verwendung im Freien.

Benötigtes Material

Konstruktion
unten: Pfosten ca. 8x8/9x9 cm, Querriegel ca. 6x8 cm, allseitig gehobelt und Kanten gebrochen, Fichte massiv/Leimholz
oben: 6x6 cm, Fichte/Leimholz (ansonsten wie oben)

Boden und Zwischenpodest, Rutsche
Dreischichtplatten (z.B. Fichte), mindestens 26 mm stark

Verkleidung und Turmhauben
Dreischichtplatten, 19 mm stark

Verbindungsmittel
Schrauben etc. in jedem Fall verzinkt kaufen!

Anstrich
immer mit ökologischen Farben!

Vorschlag Farbkonzept

Helles Ziegelrot für die Burg außen, innen weiß; Zinnen und Dächer der Türme dunkelrot; Rutsche gelb, Pfosten/Riegel blau – und/oder mit Motiven wie Ritterhelmen, Drachen, Adelswappen usw. kreativ gestalten.

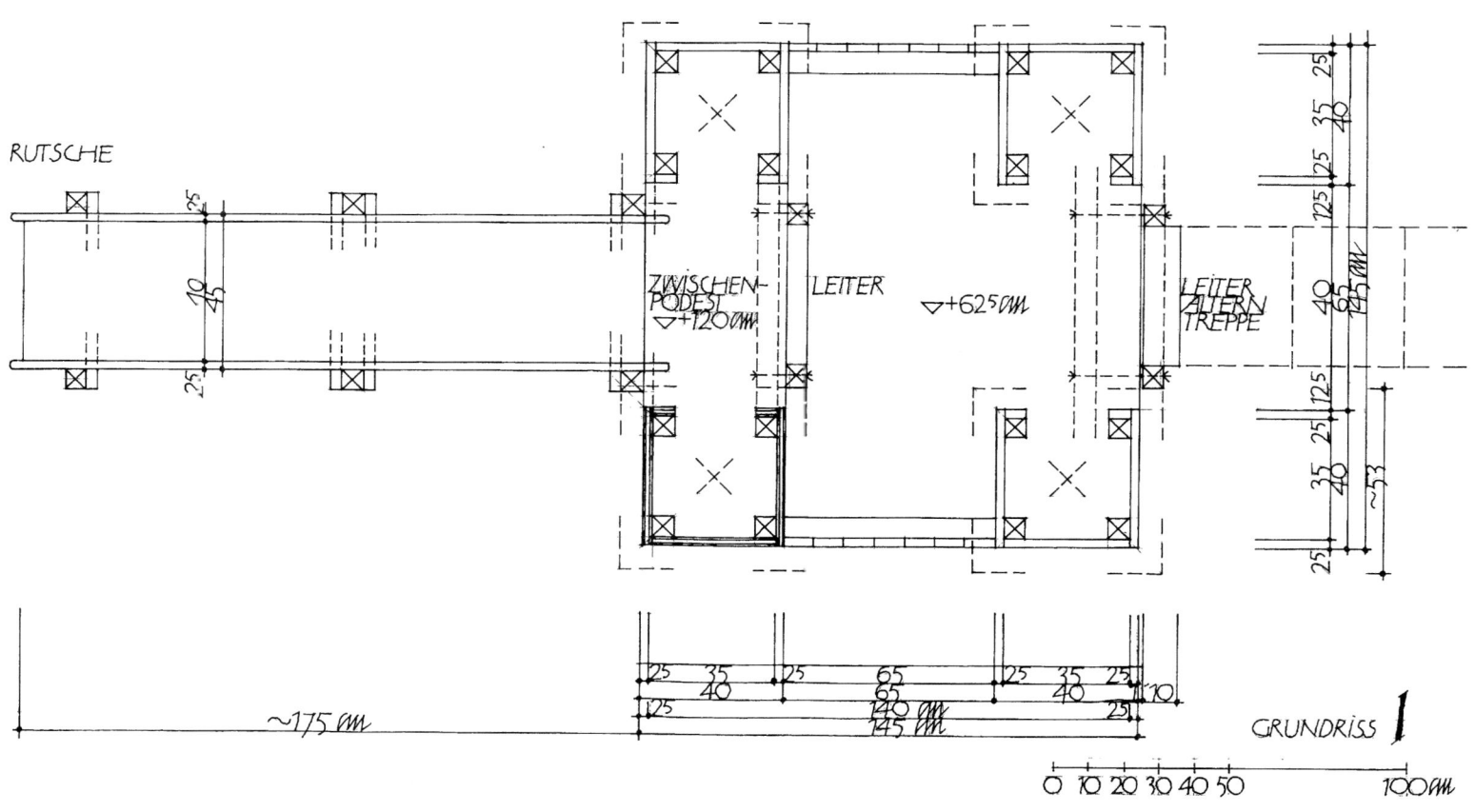

RUTSCHE

ZWISCHEN-PODEST
▽ +120 m

LEITER

▽ +625 m

LEITER
ALTERN
TREPPE

25
10
45
25

25
35
25
125

40
85
125 m

125
35
40
~53
25

25 35 25 65 25 35 25
25 40 85 40 10
125 140 m 25
145 m

~175 m

GRUNDRISS 1

0 10 20 30 40 50   100 m

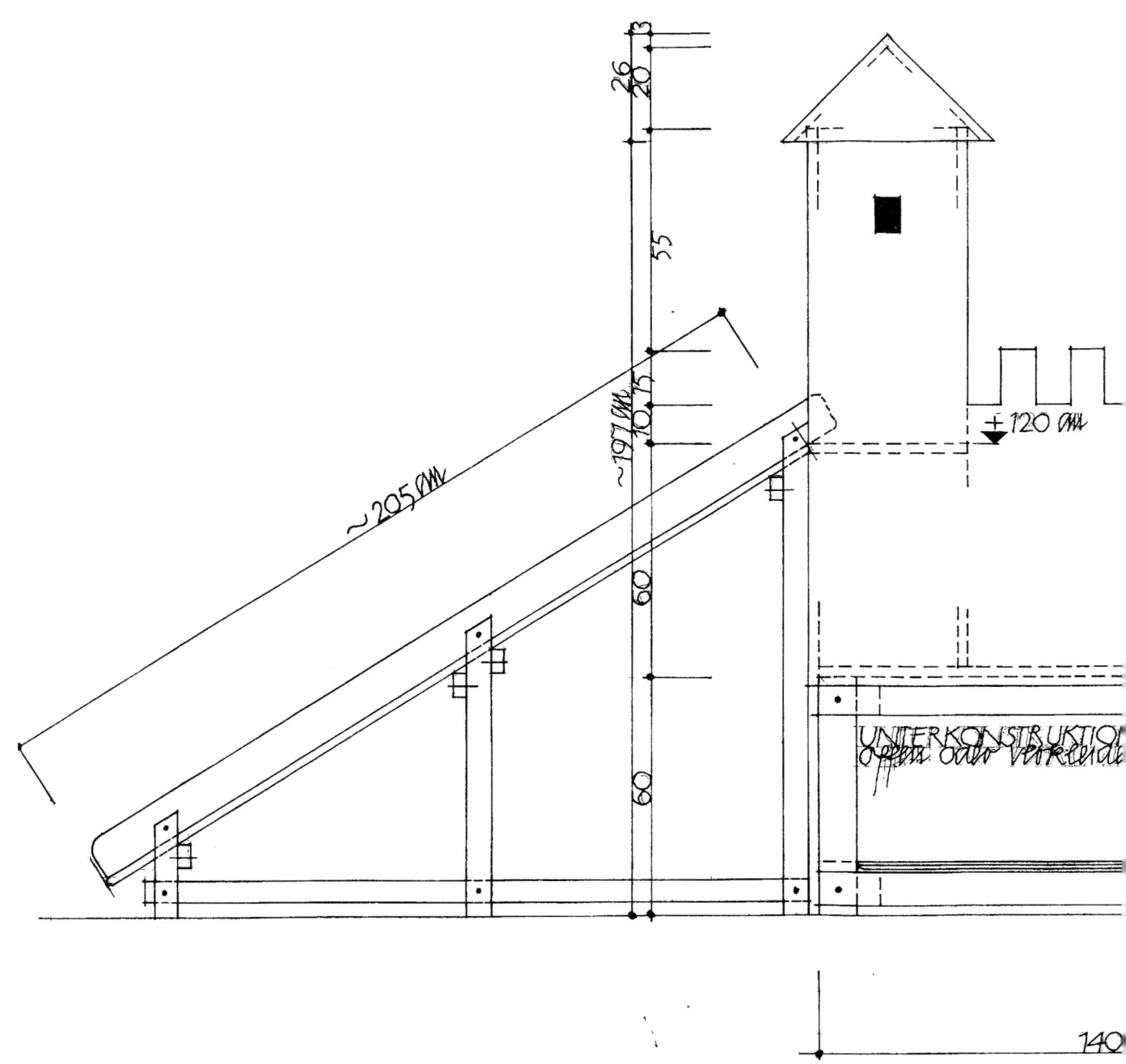

~205 cm

~197 cm

26

13

55

10,5

60

60

+ 120 cm

UNTERKONSTRUKTION

140

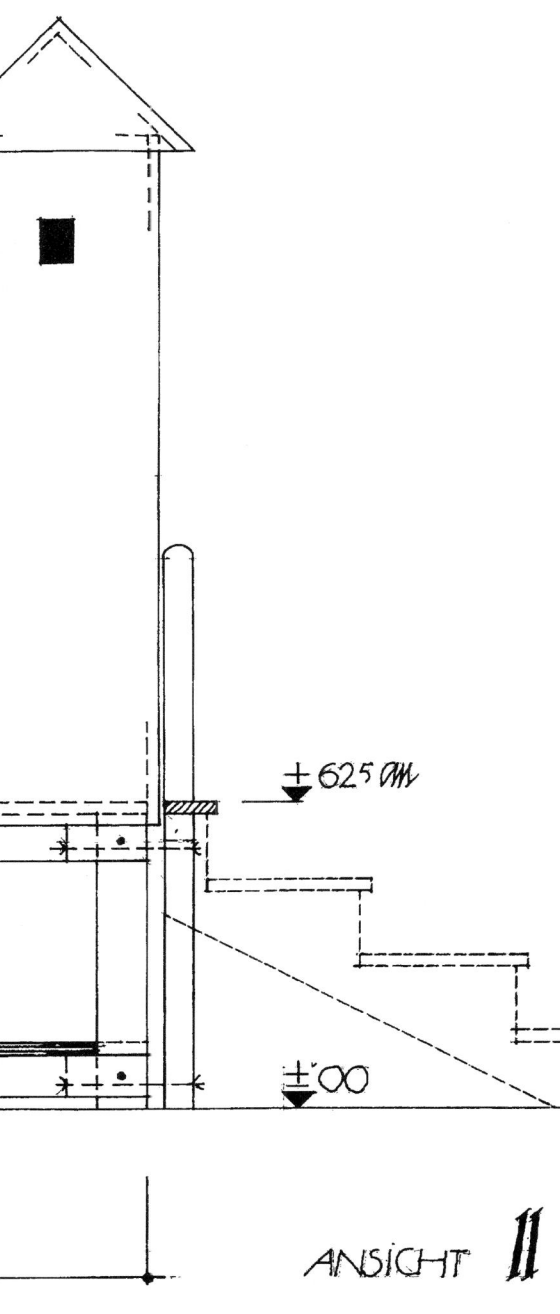

$\pm$ 625 OM

$\pm$ OO

ANSICHT **11**

Der Kleiderschrank
für Kids

Ein Kleiderschrank ist unentbehrlich, um textile und andere Schätze aufzubewahren und mit einem Griff zu finden. Die folgende Bauanleitung sorgt dafür, dass der praktische Helfer auch zum Schmuckstück im Kinderzimmer wird.

Benötigtes Material

Korpus und Fachböden
Dreischichtplatten, 19 oder 22 mm stark

Türen und Rückwand
Dreischichtplatten, 15 mm stark

Verbindungen
Holzleisten Fichte, 30x30 mm, gehobelt, mit Kreuzschlitzschrauben 3 mm

Türen
mit Lappenbändern zum Anschrauben, Griffe aus Aluminium oder Holz (ohne scharfe Kanten/Ecken), Feststeller mit Magnetschnäpper

Kleiderstange
Durchmesser 30 mm, Buche (oder andere Harthölzer)

Englische Züge
Dreischichtenplatten, 13 mm stark, verbunden mit Leisten 20x20 mm in Fichte gehobelt und geschraubt

Die Oberflächen des fertigen Kinderschranks können mit ökologischen Farben farbig lackiert bzw. lasiert oder mit Leinöl eingelassen werden. Mit letzterer Methode wird die Farbe des Holzes weitgehend bewahrt. Soll der Schrank individuell gestaltet werden, kann er passend zum Kinderzimmer-Konzept bemalt oder etwa auch mit „Bullaugen" versehen werden.

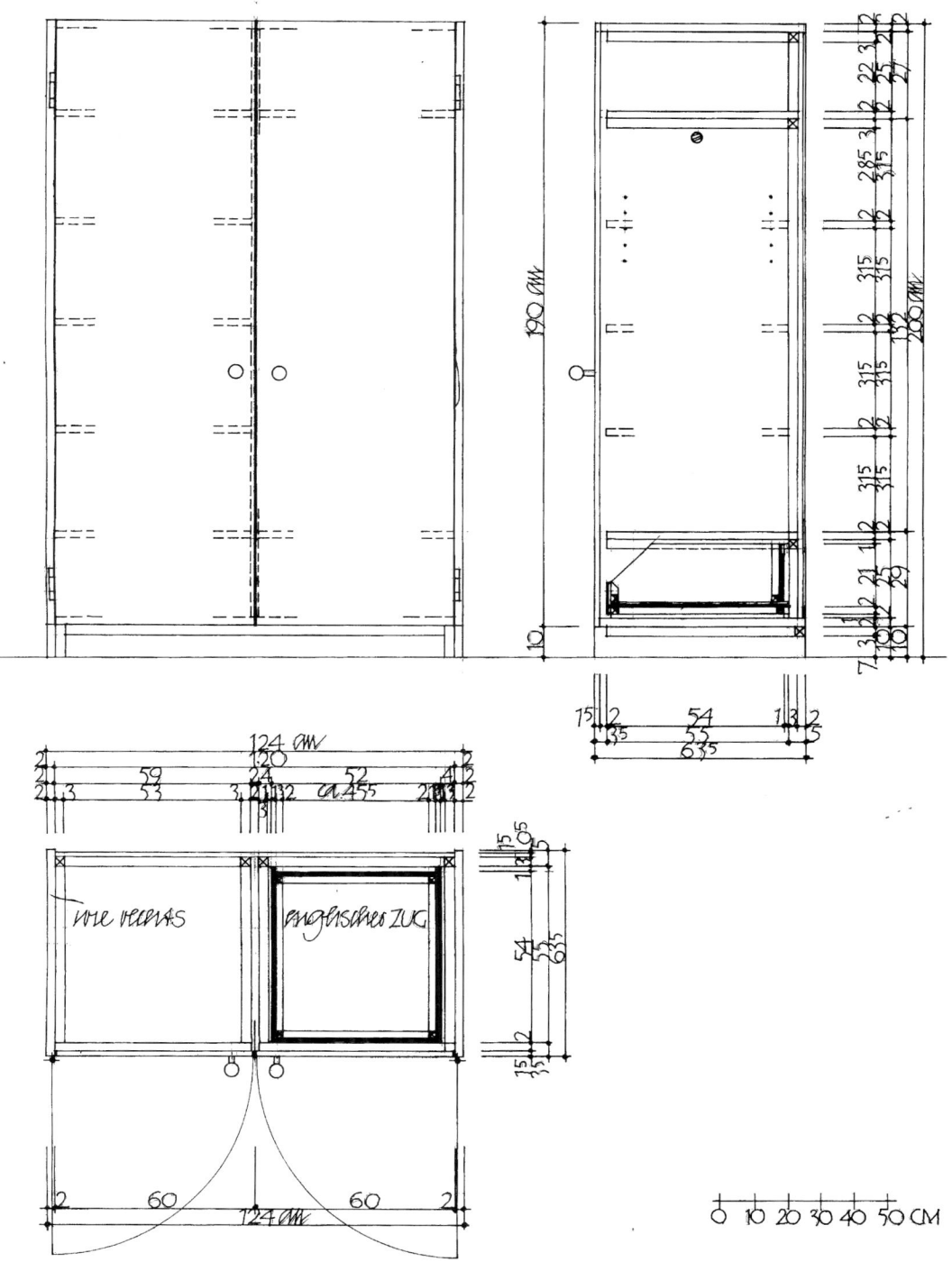

190 cm

200 cm

10

wie verglas

englisches Zug

124 cm
120
59
53
24
52
ca.455

2   60   60   2
124 cm

15   2   54   1 3 2
3 5   55   5
63 5

15
05

54
53 5

13 5
2

0 10 20 30 40 50 CM

Das Kinder-Gartenhaus

Was gibt es für kleine Kinder Schöneres als einen Rückzugsraum, ein eigenes Reich im Garten, wo Feen- und Indianerträume Wirklichkeit werden und eine ganze Menge fantasievoller Spiele stattfinden!

Anders als ein Baumhaus hoch über dem Boden eignet sich das hier beschriebene Häuschen auch wunderbar für die Kleinsten.

Benötigtes Material

Konstruktion
Pfosten, Querriegel und Sparren 6x8 cm und 8x8 cm, Fichte gehobelt oder (besser haltbar) als Leimhölzer Fichte gehobelt

Ständer bei Tür und Fenster
Fichte/Leimhölzer Fichte gehobelt 6x6 cm

Verkleidung der Außenwände, Türen und Fensterläden
Dreischichtplatten Fichte, 19 mm stark, wasserfest verleimt

Boden innen und Dach
Dreischichtplatten Fichte, 26 mm stark, wasserfest verleimt

Verbindungen
mit Schloss- oder Maschinenschrauben M6 oder M8 mit starken Beilagscheiben und Muttern, alles in Edelstahl

Bodenhülsen
zum Einschlagen oder (besser) Einbohren, feuerverzinkt, ggf. vor Einbringen Rostschutzbehandlung

Abschließend wird nach Gusto farbig gestrichen oder lasiert. Tipp: Die Farbgebung an den Blütenfarben umstehender Pflanzen orientieren – z.B. bei gelben Blüten blauer Anstrich, bei blauen Blüten oranger Anstrich.

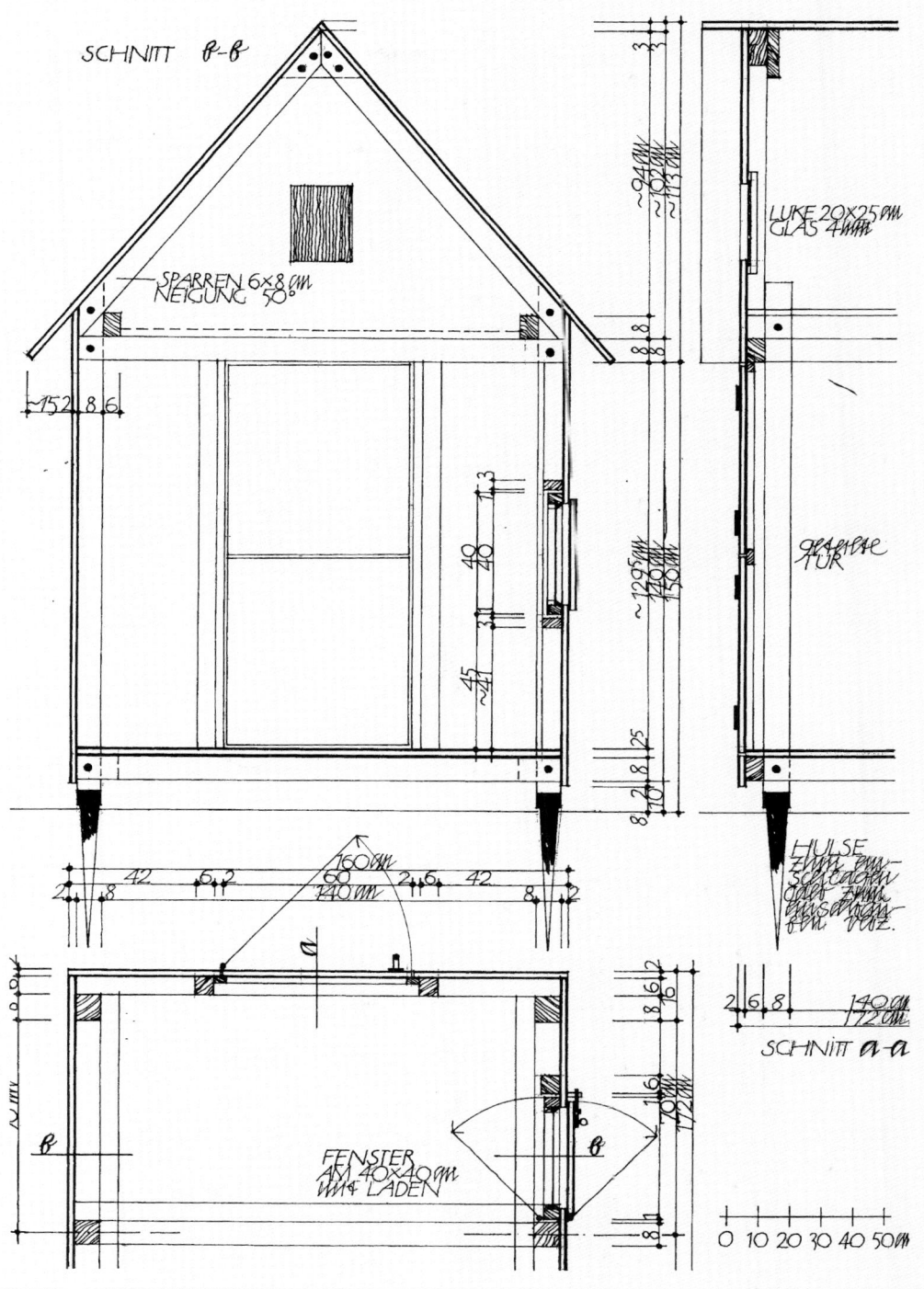

SCHNITT β-β

SPARREN 6×8 cm
NEIGUNG 50°

~152 8 6

160 cm
60
140 cm

42   6.2   2 6   42
2   8   8   2

FENSTER
4×X 40×40 cm
cm+ LADEN

α

β   β

LUKE 20×25 cm
GLAS 4mm

geteilte
TÜR

HÜLSE
zum ein-
schlagen
oder zum
einschlag
im Holz.

2 6 8   140 cm
             172 cm

SCHNITT a-a

2 6 8   140 cm
             172 cm

0 10 20 30 40 50 mm

Adressen
von Architekten und Planern

Der Autor steht für Leseranfragen unter folgender Adresse gerne zur Verfügung:

Thomas Drexel
Autor | Architekturfotograf
Am Fladerlach 9
86316 Friedberg
Tel./Fax 0821-60 70 874
Mobil 0176-96 51 75 06
thomas.drexel@t-online.de

Einführungsteil (Seite 6–41)

Oliver Beil
Ihr Kinderzimmermacher
Hohestraße 28
40213 Düsseldorf
Telefon: 0211-77 33 79
www.kinderzimmermacher.de

Bembé und Dellinger
Architekten im Schloss
86926 Greifenberg
Telefon: 08192-99 73 00
E-Mail: mail@bembe-dellinger.de
www.bembe-dellinger.de

Dietrich / Untertrifaller Architekten
Arlbergstraße 117
A – 6900 Bregenz
Telefon: (0043)-(0)5574-788 88-0
E-Mail: arch@dietrich.untertrifaller.com
www.dietrich.untertrifaller.com

Armin Ibounigg Architekt
Rebenweg 37
A – 8054 Graz
Telefon: (0043)-(0)699-12 01 10 01
E-Mail: armin@ai-design.at

may.schurr architekten
Robert-Bosch-Straße 1a
86825 Bad Wörishofen
Telefon: 08247-904 57
E-Mail: info@mayschurr.de
www.mayschurr.de

Bauatelier Thomas Metzler
Lussistraße 7a
CH – 8536 Hüttwilen
Telefon: (0041)-(0)52-74 00 881
E-Mail: metzler@bauatelier-metzler.ch
www.bauatelier-metzler.ch

Noichl und Blüml Architekten
Am Dummelsmoos 41
87561 Oberstdorf
Telefon: 08322-96 66 20
E-Mail: info@noichl-blueml.de
www.noichl-blueml.de

Stumpf + Wolfinger Architekten
Annastraße 12
86150 Augsburg
Telefon: 0821-34 63 400
E-Mail: info@stumpf-wolfinger.de
www.stumpf-wolfinger.de

Projektteil (Seite 42-127)

Thomas Abendroth Architekt
(Seite 96-103)
Linke Wienzeile 178/Stiege 2/109b
A – 1060 Wien
Telefon: (0043)-(0)1-952 12 62
Telefax: (0043)-(0)1-595 11 43
E-Mail: architekt@abendroth.at
www.abendroth.at

ah3 architekten ZT GmbH
(Seite 120-127)
Hauptplatz 3
A – 3580 Horn
Telefon: (0043)-(0)2982-20 800
Telefax: (0043)-(0)2982-20 800 20
E-Mail: office@ah3.at
www.ah3.at

Walter Engl
(Seite 66-73, 74-81, 82-87)
Römerweg 14
A – 4971 Aurolzmünster
Telefon: (0043)-(0)7752-859 01
Telefax: (0043)-(0)7752-859 02
E-Mail: walter.engl@aon.at

Architekturbüro Fischer
(Seite 50-57)
Dieter Fischer
Leitenstraße 3
96173 Staffelbach
Telefon: 09503-500 03 69
Telefax: 09503-500 03 79
E-Mail: die-fischer@gmx.de
www.archfisch.de

L7 Planer und Architekten
(Seite 112-119)
Ursula Stiglbrunner
Karl Zankl
Sabine Staebe-Waldhier
Welserstraße 25
81373 München
Telefon: 089-74 37 04-43
Telefax: 089-74 37 04-44
www.L7plan.de

Heiko Messerschmidt
mo+ messerschmidt / oligmüller / architekten
(Seite 58-65)
Martin-Luther-Straße 59
60389 Frankfurt am Main
Telefon: 069-94 34 00 97
Telefax: 069-94 34 00 98
und

Am Seeberg 6
64625 Bensheim
Telefon: 06251-69 836
Telefax: 06251-58 360 59
E-Mail: post@moarchitekten.de
www.moarchitekten.de

Rongen Architekten
(Seite 104-111)
Prof. Ludwig Rongen
Propsteigasse 2
41849 Wassenberg
Telefon: 02432-30 94
Telefax: 02432-43 04
E-Mail: info@rongen-architekten.de
www.rongen-architekten.de

Sandri Architekten
(Seite 88-95)
Peter Sandri
Tanne 7
CH – 8201 Schaffhausen
Telefon: (0041)-(0)52-624 33 44
Telefax: (0041)-(0)52-624 33 45
E-Mail: info@sandri-architekten.ch
www.sandri-architekten.ch

Architekturbüro Wiesner-Molitor
(Seite 42-49)
Petra Wiesner-Molitor
Langeller 9
97769 Bad Brückenau
Telefon: 09741-93 89 74
Telefax: 09741-93 89 75
E-Mail: info@wiesner-molitor.de
www.wiesner-molitor.de
und
Ingenieurbüro Molitor
Marcel Molitor
www.ib-molitor.de

annette frank
Möbel und Textilien für Kinder
Ferdinand-Miller-Platz 2
80335 München
Telefon: 089-18 97 96 79
E-Mail: textildesign@annettefrank.de
www.annettefrank.de

Arbeitskreis Gute Kindermöbel e.V.
Lütticher Straße 63
50674 Köln
Telefon: 0221-95 24 959
Telefax: 0221-52 78 50

Bundesverband Wohnen mit Kindern e.V.
Telefon: 02111-68 67 60
E-Mail: info@wohnen-mit-kindern.de
www.wohnen-mit-kindern.de

De Breuyn Möbel GmbH
Kindermöbel, Betttextilien und Accessoires
aus schadstofffreien Materialien
Girlitzweg 30
50829 Köln
Telefon: 0221-47 32 60
E-Mail: info@debreuyn.de
www.debreuyn.de

Designers Guild Einrichtungs GmbH
unter anderem Wohntextilien und
Accessoires für Kinder
Ottostraße 5
80333 München
E-Mail: dmsales@designersguild.com
www.designersguild.com

ELKA toys GmbH
Großformatige Holzspielwaren
und Spielmöbel
Gewerbegebiet 1
96524 Mupperg
Telefon: 036761-57 50
Telefax: 036761-57 599
E-Mail: info@elka-toys.de
www.elka-toys.de

Fischer Stahlinform GmbH
Haßfurter Straße 6
96173 Staffelbach
Telefon: 09503-500 20
Telefax: 09503-500 229
info@stahlfisch.de
www.stahlfisch.de

FLEXA
Kindermöbel, Kindertextilien und Spielgeräte
www.flexa.dk

Fritz Hansen A/S
unter anderem Designer-Kinderstühle
Allerødvej 8
DK – 3450 Allerød
Telefon: 0045-48 17 23 00
www.fritzhansen.com

Grüne Erde GmbH
unter anderem ökologische Kindermöbel
www.grueneerde.com
Kontakt Deutschland:
Frauenstraße 6
80469 München
Telefon: 089-12 00 990

Kontakt Österreich:
Mühldorf 11
A – 4644 Scharnstein
Telefon: 07615-20 34 10

Kontakt Schweiz:
Postfach
CH – 9471 Buchs
Telefon: 081-75 60 144

HABA Habermaaß GmbH
Postfach 1107
96437 Bad Rodach
Telefon: 09564-92 91 00
Telefax: 09564-35 13
E-Mail: habermaass@haba.de
www.haba.de

Die Holzschmiede
Massivmöbel GmbH
Berndorfer Straße 20
95349 Thurnau
Telefon: 09228-99 60 40
Telefax: 09228-99 60 423
E-Mail: service@holzschmiede.de
www.holzschmiede.de

Ikea Deutschland GmbH & Co. KG
Am Wandersmann 2-4
65719 Hofheim-Wallau
Telefon: 0180-53 53 435
www.ikea.de

JAKO-O GmbH
Die Adresse für ausgewählte Kindersachen
unter anderem Kindermöbel
und Kinderzimmer-Accessoires
Werner-von-Siemens-Straße 23
96476 Bad Rodach
Telefon: 01805-24 68 10
www.jako-o.de

Kinder Räume AG
Oliver Beil
Möbel und Kinderzimmerausstattung
Hohestraße 28
40213 Düsseldorf
Telefon: 0211-77 33 79
www.kinderraeume.de
www.kinderzimmermacher.de

KIT
Spielgeräte für draußen aus Robinienholz
Pienner Straße 20
01737 Forststadt Tharandt
Telefon: 035203-30 307
E-Mail: kitspiel@aol.com
www.kitspiel.de

Manufactum Hoof und Partner KG
unter anderem Kindermöbel aus Holz
Hiberniastraße 5
45731 Waltrop
Telefon: 02309-93 91 42
E-Mail: info@manufactum.de
www.manufactum.de

Mary the Fairy
Kindermöbel aus Massivholz
und Accessoires
Netzgasse 11
A – 8020 Graz
Telefon/Fax: 0043-(0)31 62 15 666
E-Mail: info@marythefairy.at
www.marythefairy.at

Der Schreiner
Martin Schweizer
Geltendorfer Straße 17
86316 Friedberg
Telefon: 0821-60 70 121
E-Mail: schweizer-friedberg@t-online.de

Schreinerei / Studio Fischer
Kreative Kindermöbel
Am Moosfeld 23
81829 München
Telefon: 089-42 72 00 80
E-Mail: studio.fischer@t-online.de
www.kreative-kindermoebel.de

Team 7 Natürlich Wohnen GmbH
unter anderem Kindermöbel/Kinderzimmer
Braunauer Straße 26
A – 4910 Ried i. I.
Telefon: (0043)-(0)7752-97 70
Telefax: (0043)-(0)7752-97 77 77
E-Mail: info@team7.at
www.team7.at

Thonet GmbH
Michael-Thonet-Straße 1
35066 Frankenberg (Eder)
Telefon: 06451-50 80
Telefax: 06451-50 81 28
E-Mail: info@thonet.de
www.thonet.de

Wehrfritz GmbH
August-Grosch-Straße 28-38
96476 Bad Rodach
Telefon: 09564-92 90
Telefax: 09564-92 92 24
E-Mail: service@wehrfritz.de
www.wehrfritz.de

WOODLAND Vertriebs GmbH
Unter anderem Kindermöbel aus Massivholz
(Spiel-Hochbetten,
Regal- und Schranksysteme etc.)
Kieler Straße 11
41540 Dormagen
Telefon: 02133-24 82 10
E-Mail: info@woodland.de
service@woodland.de
www.woodland.de

**www.heimwerker.de/service/
bauplan/kindermoebel**
Bauanleitungen/Weblinks zur
Anfertigung von Kindermöbeln

Literaturverzeichnis &
Danksagung

Antje Bostelmann u. Heiko Matschull, Geschichten aus dem Kinderatelier,
2., erweiterte Auflage, Weinheim 2003

Joanna Copestick, Neue Kinderzimmer,
3. Auflage, München 2006

Christine Donaldson, Patchwork Baby,
Ideen und Anleitungen für Kind und Kinderzimmer, Hannover 1997

Thomas Drexel, Häuser für junge Bauherrn,
Von der Idee über die Finanzierung und Planung zum eigenen Haus,
2. Auflage, München 2004

Thomas Drexel, Low Budget, Wohnhäuser unter 200.000 Euro,
3. Auflage, München 2006

Thomas Drexel, Top 100 Häuser, preiswert, individuell, zeitlos,
2. Auflage, München 2007

Thomas Drexel, Wohnen mit Kindern,
Planen, Einrichten, Erleben: Kinderzimmer, Spielparadiese, Erlebnisräume,
Taunusstein 2006

Wolfgang Grasreiner, Junge Häuser für junge Familien,
Taunusstein 2007

Susanne Helmold, Kinderzimmer kreativ gestalten,
Stuttgart 2003

Waldemar Hermann, Kindermöbel aus Naturholz selber bauen,
München 1989

Natürlich? Umweltfreundlich! AOK-Ratgeber Öko-Kinderzimmer/
AOK-Spielbuch Öko-Kinderzimmer, Bad Homburg 1996

Christa Rolf, Kinderwelt aus Stoff, Das Nähbuch rund ums Kind,
Freiburg 2001

Günther Sator, Feng Shui für Kinder,
München 2000

Hannes Weeber, Rotraut Fritz und Antje Dörrie, Besser Wohnen in der
Stadt, Konzepte und Beispiele für Familienwohnungen,
Stuttgart/ Berlin 2005

Christopher A. Weidner, Feng Shui gegen das Gerümpel im Kinderzimmer,
2. Auflage, Reinbek b. Hamburg 2004

Der herzliche Dank des Autors gilt zunächst allen Eigentümern und Architekten der im Buch vorgestellten Häuser. Ihre Bereitschaft zur Zusammenarbeit hat das Entstehen des Werks erst ermöglicht.

Besonders zu danken habe ich allen Erwachsenen und vor allem allen Kindern, die bei den Fotoshootings sehr engagiert mitgemacht und ihre Kinderzimmer zur Verfügung gestellt haben – im einzelnen Zoe und Mia Engels, Ella Paulussen, Julie und Jannes Fischer, Yara und Dana Molitor, Emilie und Lukas Rauh-Huber, Lilly und Lucas Messerschmidt, Aline, Ronja und Till Wipf-Werner, Katharina und Hannah Kobleder, Emma Großbötzl, Teresa Korb, Lisa-Marie Schmied und Marcel, Laurenz und Leonard - sowie nicht zuletzt meinen eigenen Kindern Pauline, die besonders intensiv beteiligt war, Benedikt und Dominic sowie allen, die hier vielleicht vergessen wurden.

Ferner danke ich herzlich Britta Blottner und Eberhard Blottner für die hervorragende und harmonische Zusammenarbeit, Lisa Glass für die professionelle Projektleitung und das sorgfältige Lektorat sowie Miriam Biehler von Petry & Schwamb für das gelungene Layout.

Impressum

Fotos:

Annette Frank: Seite 6, 8 rechts, 17 links und rechts, 21 oben, 35 oben und unten, 37 rechts.

Thomas Drexel: Seite 8 links, 9 oben und unten, 11 oben und unten, 12, 13, 16, 18 (neu), 19, 21 unten, 22, 26 Mitte, 27 oben Mitte und rechts sowie unten Mitte und rechts, 29 (neu), 30 links und rechts, 31 (neu), 33 links und rechts, 34, 38 links und rechts, 39, 40 unten, 41 links und rechts, 42-49, 50-56, 66-73, 75-81, 83-87, 105-110, 112-118.

Kinder Räume/Oliver Beil: Seite 15 links und rechts, 24, 27 oben links, 37 links, 40 oben.

Joachim Kräftner, Wien: Seite 97-101.

Jürgen Matern, Frankfurt a.M.: Seite 59, 62 links.

Heiko Messerschmidt: Seite 60 alle, 61 links und rechts, 62 rechts und unten, 63 links und rechts, 64 links und rechts.

Bruno Scalco, CH-Schaffhausen: Seite 88-95.

Dieter Schewig, A-Horn: Seite 121-127.

Rainer Zottele, Wien: Seite 102-103.

Sämtliche Pläne stammen von den jeweiligen Architekten.

Titelbild:

Joachim Kräftner

Gestaltung & Satz:

P.S. Petry & Schwamb. Die Verlagsagentur, Freiburg/Br.

Bibliographische Information der Deutschen Bibliothek:

Die Deutsche Bibliothek verzeichnet diese Publikation in der Deutschen Nationalbibliographie; detaillierte bibliographische Daten zu diesem Werk sind im Internet unter http://dnb.ddb.de abrufbar.

Druck:

Druckpartner Rübelmann GmbH, Hemsbach

© 2008, Blottner Verlag GmbH,
D-65232 Taunusstein
E-Mail: blottner@blottner.de / URL: www.blottner.de
ISBN 978-3-89367-109-0 / Printed in Germany

Bücher für schöneres Wohnen von Thomas Drexel

Wohnen mit Kindern

Planen, einrichten, erleben:
Kinderzimmer, Spielparadiese, Erlebnisräume

Thomas Drexel, 120 Seiten, 174 farbige Bilder, 20 Grundrisse.
Fester Einband • ISBN 978-3-89367-104-5

Beispiele und Anregungen für familien- und kindgerechte
Planung bei unterschiedlichsten Voraussetzungen, Situationen
und Altersstufen – vom liebevoll gestalteten Baby- und
Kleinkindzimmer über das Jugendzimmer bis zum richtigen
„Kindertrakt". Es geht um Gestaltung von Lebens- und
Erlebnisräumen wie auch um die altersgerechte, flexible
Anpassung der Wohnwelten für alle Altersstufen.

Zu „Wohnideen für Kinder von der Geburt bis zum Schulbeginn"
ist bereits das zweite, nahtlos anschließende Buch
„Wohnideen für Kinder und Jugendliche – *Tolle Lebensräume*
planen und einrichten" (ISBN 978-3-89367-110-6) in Planung.

Hauseingänge

Die Visitenkarte des Hauses

Thomas Drexel, 120 Seiten, 108 farbige Bilder, 16 Grundrisse.
Fester Einband • ISBN 978-3-89367-105-2

Der Eingang gilt allgemein als „Visitenkarte" des Hauses. Tür,
Vordach oder Vorbau, Zugangsweg, Vorgarten und Gartentür,
aber auch der Flur schaffen unmittelbare Aufmerksamkeit.
Ästhetisch wirkt der Eingang gleichsam als Teil für das Ganze,
die Qualität seiner Gestaltung bestimmt die Gesamtwirkung
der Architektur maßgeblich mit. Das Buch zeigt vorbildliche
Eingangslösungen im Wohnbereich sowie für gewerbliche und
öffentliche Nutzungen. Es handelt sich dabei sowohl um
Neubauten als auch um Renovierungen und Umbauvorhaben.
In Wort und Bild gibt Thomas Drexel in diesem attraktiven
Ideenspeicher weiterführende Antwort auf gestalterische, tech-
nische und planungsbezogene Fragen – vom Einfamilienhaus
bis zur Hof- und Gartenanlage.

Blottner Verlag • 65232 Taunusstein • www.blottner.de